丝绸之路系列学术著作
约旦研究专项基金资助

约旦研究

YUEDAN YANJIU

主编 马昌前 孙来麟

中国地质大学出版社
ZHONGGUO DIZHI DAXUE CHUBANSHE

图书在版编目（CIP）数据

约旦研究／马昌前，孙来麟主编．
—武汉：中国地质大学出版社，2016.4
ISBN 978-7-5625-3609-3

Ⅰ．①约…
Ⅱ．①马…②孙…
Ⅲ．①约旦－研究
Ⅳ．K937.9

中国版本图书馆 CIP 数据核字（2015）第 097052 号

约旦研究 ©马昌前　孙来麟　主编

选题策划：毕克成
责任编辑：陈　琪
责任校对：周　旭
出版发行：中国地质大学出版社
地　　址：武汉市洪山区鲁磨路388号
电　　话：(027)67883511
邮政编码：430074
制　　版：武汉浩艺图文设计工作室
印　　刷：武汉市籍缘印刷厂
开　　本：787mm×960mm　1/16
印　　张：9.75印张
字　　数：191千字
版　　次：2016年4月第1版
2016年4月第1次印刷
定　　价：28.00元

前　言

2013年9月和10月，中华人民共和国国家主席习近平在出访中亚和东南亚期间，先后提出了共建“丝绸之路经济带”和“21世纪海上丝绸之路”（以下简称“一带一路”）的重大倡议，得到了国际社会的高度关注和热烈响应。中国国务院总理李克强参加2013年中国—东盟博览会时强调，铺就面向东盟的海上丝绸之路，打造带动腹地发展的战略支点。2015年3月，经国务院授权，国家发展改革委员会、外交部、商务部联合发布了《推动共建丝绸之路经济带和21世纪海上丝绸之路的愿景与行动》，宣告“一带一路”战略进入了全面推进阶段，中国对外开放战略翻开了历史的新篇章。

回顾历史，自西汉张骞通西域、汉代舟师“观星定海”、明朝郑和船队七下西洋以来，在上千年来的发展历程中，中国的视野从来没有这么开阔，路从来没有走得这么远，步子从来没有迈得这么大。在我国打造新常态下经济发展升级版、亚洲基础设施投资银行正在迎来五洲成员之时，经济全球化继续深入发展，世界政治格局正在加速调整， 中国与世界的关系从来没有如此紧密，世界对中国的期待也从来没有如此强烈。以互联互通和产业合作为支点，以民心相通为保障，共建“一带一路”， 奏响合作共赢最强音，不仅是实现中华民族伟大复兴“中国梦”的需要，也是一项造福世界各国人民的伟大事业。共建“一带一路”，共同推进区域经济一体化进程，将使亚欧大陆重回人类文明中心。

近年来，中国地质大学（武汉）（以下简称我校）大力实施教育国际化战略，为学校持续发展注入了强劲的动力。王焰新校长倡导形成“三横三纵”网格式学科建设新格局，即以学术创新基地、协同创新基地、国际合作与交流基地（“三横”）为载体，以教师与专职科研队伍、研究生、高水平本科生（“三纵”）为依托，打造追求学术卓越的新氛围。在此背景下，从2012年开始，我校先后筹建了“丝绸之路地质矿产研究所”“东南亚地质矿产研究所”“丝绸之路地质资源环境国际研究中心”等研究机构，在国别和区域研究领域迈出了新步伐。尤其是2014年底，我校启动建设“丝绸之路学院”和“约旦研究中心”，面向“一带一路”，大力开展教育对外开放合作，协同培养区域紧缺人才，全面加强协同创新，逐步深化人文交流，努力为“一带一路”战略的顺利推进和持续发展提供人才支撑，增强民意认同和社会互信。为了推进“丝绸之路学院”和“约旦研究中心”建设，我们启动了“丝绸之路系列学术著作”的编写和出版工作，《约旦研究》是这项工作的初步尝试。

约旦哈希姆王国（以下简称约旦），背靠西亚，面向北非，与巴勒斯坦、以色列隔岸相望，与叙利亚、沙特阿拉伯、伊拉克毗邻而居，在地理上扼苏伊士运河之咽喉、锁红海交通之要道，是沟通亚非欧大陆的天然桥梁，更是“一带一路”上极为重要的战略要冲。约旦在错综复杂的中东政治格局中，对内保持政局的相对稳定，人民生活较为富裕，社会相对开放而安宁；对外奉行中立和不结盟政策，赢得了较高的国际声誉，使其成为“一带一路”十字路口上消弭各方矛盾的缓冲地带。尤其值得指出的是，在自然资源十分有限的条件下，约旦政府以教育立国，不断加大对教育的投入，把人力资源作为“最宝贵的资源” 来开发，建立了完备的现代教育体系。近年来，约旦积极推进教育对外开放与合作，在与德国成功共建“德约大学”的基础上，提出了与中国合作建设“中约大学”的倡议。正如约旦首相阿卜杜拉·恩苏尔2015年1月17日在接见我校代表团成员时指出的，“约旦是一个小国，但非常重视教育，全国600多万人口就有30多所大学，与120多个国家开展了教育合作与交流。近年来，中国发展很快，约旦政府和人民希望学习中国的成功经验。因此，约旦政府对与中国合作办学非常重视，希望中国地质大学代表团的来访将有力推动双方的合作”。

韩非子曰：国之交在于民相亲。谈论和评价一个国家的政治现实、发展模式和经济行为是容易的，但实质性推动不同文明的交流互鉴则非易事。在当前错综复杂的国际背景下，要不断推进中国和约旦的高等教育合作，就必须启动对约旦的全面观察和深入研究，以利于准确地认识约旦国情，科学地把握约旦发展趋势，促进友好往来，深化互利合作。为此，本书从约旦的政体概况、经济发展、文化教育、对外关系和资源环境五个方面对约旦进行了初步介绍，希望为公众全面了解约旦的现实与未来抛砖引玉，引起公众的进一步关注，也希望有关约旦的初步研究，对推动我校面向“一带一路”的国别和区域研究形成示范效应，产生辐射效果。

本书能够得以出版，首先要感谢中国驻约旦特命全权大使高育生先生以及教育部国际合作与交流司司长岑建君先生的指导、启发和鼓励。约旦驻华大使叶海亚·卡拉莱（Yahya Qaralleh)先生、约旦高等教育与科学研究部秘书长顾问苏哈·阿卜杜勒拉赫曼（Suha Abdelrahman）女士，以及约旦驻华大使秘书马凤雅女士提供了热情的支持和帮助。中国地质大学（武汉）副校长郝芳教授给予了指导和关心，以邓宏兵教授、黄定华教授、曾佐勋教授等为代表的20余位专家学者和研究生，通过艰苦努力，在比较短的时间内就完成了书稿的撰写工作，令人钦佩。谨此，一并表示衷心感谢！

马昌前

2015年3月31日

目 录

Contents

第一篇　政体概况

国王与宗教在约旦政治体制中的特殊地位

范　铭

约旦哈希姆王国（Hashemite Kingdom of Jordan），简称约旦，位于亚洲阿拉伯半岛的西北部，西与巴勒斯坦、以色列为邻，北与叙利亚接壤，东北与伊拉克交界，东南和南部与沙特阿拉伯相连，处于欧洲、亚洲和非洲的交通要道（图1），国土面积近8.9万平方千米，人口约645.9万人（2013年）。约旦居民绝大多数为阿拉伯人，其中巴勒斯坦人占60%以上，还有少数土库曼人、亚美尼亚人和吉尔吉斯人。阿拉伯语为国语，通用英语。约旦是一个以伊斯兰教为

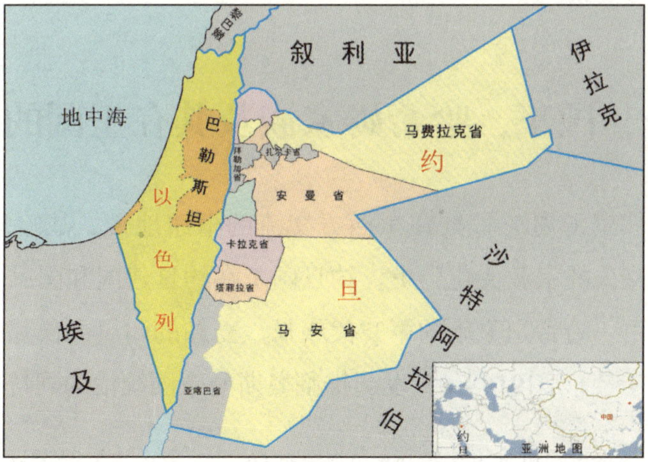

图1　约旦的地理位置图

国教和多数居民信奉伊斯兰教的国家。目前逊尼派穆斯林占全国人口的90%以上，除了8%的基督徒外，其余为什叶派穆斯林，包括一些德鲁兹派（什叶派的一个独特分支）信徒。

政体代表了一个国家政府的组织结构和管理体制，不同的国家在不同的历史时期政治体制也不尽相同。现代伊斯兰世界主要存在四种政体：①君主制，如沙特阿拉伯等；②君主立宪制，如约旦等；③议会共和制，如土耳其等；④神权制，如伊朗等。

约旦宪法规定，约旦是一个世袭的阿拉伯君主立宪制国家，立法权属国王和议会。国王不仅是名义上的国家元首，还有权审批和颁布法律、任命首相、批准和解散议会，是军队的统帅。1960年1月，议会通过宪法修正案，授予国王延长众议院任期的权利。1974年1月、1976年2月和1984年1月，议会先后三次通过宪法修正案，授予国王无限期推迟选举，并在内阁认为有必要修改宪法时召开议会特别会议的权利等[①]。作为传统的阿拉伯国家，宗教和国王是决定其国内政治的最重要的两个因素，任何约旦问题都离不开宗教和国王的相互影响。

与大多数的阿拉伯国家一样，现代约旦独立于第二次世界大战后。约旦作为国家完全独立的时间，甚至比它在形式上宣布独立的时间更晚。约旦政治制度的确受到民族历史、宗教信仰等多方面的影响，但又很好地适应了当地国情、政情和民生，走了一条符合本国国情的发展道路。

一、国王、哈希姆家族及其在王国的地位

约旦自然资源贫乏，处在东西方交流的枢纽地带，战略地理位置极端重要，并具有悠久的宗教文化历史。约旦国王在约旦建国和国家发展的过程中起到了关键作用。哈希姆家族的第38代族长、麦加的谢里夫侯赛因·伊本·阿里（1854—1931年）于1916年6月发起推翻奥斯曼帝国统治的阿拉伯起义，并于同

[①] 中华人民共和国外交部网站.http://www.fmprc.gov.cn/mfa_chn/gjhdq_603914/gj_603916/yz_603918/1206_604978/.

年10月宣布成立阿拉伯王国。从阿里自立为国王开始，哈希姆家族就为寻求阿拉伯国家的独立做出了重大努力。自侯赛因·伊本·阿里的次子阿卜杜拉·伊本·侯赛因算起，约旦至今已历经了四代国王，他们都在争取国家独立、抑制犹太复国主义扩张、推动中东和平谈判进程中显示了卓越的领导才能。

约旦第一任国王是阿卜杜拉·伊本·侯赛因（1882—1951年）。他的青年时期在奥斯曼帝国首都伊斯坦布尔接受教育，并在那里结交了许多具有阿拉伯革命思想的阿拉伯人。由于他的领导能力卓越、家族背景显赫，他成为了奥斯曼帝国议会中的麦加代表。在第一次世界大战中，阿卜杜拉·伊本·侯赛因协助父亲与英国合作，发起并领导了阿拉伯部落推翻奥斯曼帝国统治的阿拉伯大起义。1919年，随着奥斯曼帝国统治的土崩瓦解，阿拉伯民族主义者大会通过决议，请求阿卜杜拉担任伊拉克国王。但由于法国对叙利亚的入侵，阿卜杜拉毅然决定将自己的伊拉克王位让给自己的兄弟费萨尔，自己则准备组建军队攻打法军。经过英国和哈希姆家族其他成员的斡旋，阿卜杜拉·伊本·侯赛因于1921年4月11日正式成立外约旦埃米尔。第二次世界大战后，作为新兴独立国家摆脱殖民统治运动的一部分，阿卜杜拉·伊本·侯赛因于1946年5月25日宣布自己为外约旦国王，后改国名为约旦，约旦正式成为独立的主权国家。1951年7月20日，阿卜杜拉·伊本·侯赛因在耶路撒冷阿克萨清真寺被巴勒斯坦激进恐怖分子暗杀。

阿卜杜拉·伊本·侯赛因遇刺后，王储塔拉勒·伊本·阿卜杜拉（1909—1972年）继位，成为约旦的第二任国王。但由于健康问题，一年后便退去职务，由其长子侯赛因·伊本·塔拉勒接替国王。

侯赛因·伊本·塔拉勒（1935—1999年）是约旦的第三任国王，上任后对约旦政体进行了现代化改革，包括解除英国人约翰·格拉布将军的约旦陆军参谋长兼“阿拉伯军团”司令职务，进一步摆脱对英国的依赖，实行“经济开放和贸易自由化”政策等。侯赛因·伊本·塔拉勒做出的最大贡献要属调停阿以（阿拉伯与以色列，下同）争端，争取中东问题的和平解决。侯赛因·伊本·塔拉勒1999年因癌症去世后，为纪念他为世界和平事业，特别是中东和平做出的突出贡献，联合国秘书长、阿拉伯国家联盟秘书长和50多个国家元首及政府首脑参加了在安曼举行的隆重葬礼。

约旦的现任国王阿卜杜拉二世·本·侯赛因（以下简称阿卜杜拉二世），1962年1月30日出生于安曼，是已故国王侯赛因·伊本·塔拉勒的长子。阿卜杜拉二世曾先后就读于安曼伊斯兰学院、英国圣赫斯特军事学院、牛津大学、美国乔治敦大学、英国步兵学校和英国指挥参谋学院，学习军事和国际政治。他和其他约旦国王一样长期在约旦军队中任职，有深厚的军事背景。1999年1月他在侯赛因国王罢黜哈桑王储后立为王位继承人（王储），2月7日正式继承王位。阿卜杜拉二世十分重视发展对华友好关系，登基之后曾七次访华，为发展中约关系、推动中约经济贸易发展和文化交流，做出了巨大的贡献。

约旦国王所属的哈希姆家族宣称是伊斯兰教祖穆罕默德的嫡系后裔，因此是伊斯兰世界最尊贵的家族之一。他们来自伊斯兰先知穆罕默德的宗族库雷希和他的部族哈希姆。这个家族是从伊斯兰教祖穆罕默德的女儿法蒂玛和他的堂弟、女婿阿里那里沿袭下来的，这支血脉延续了近14个世纪。

约旦国王是约旦至高无上的君主，王位世袭，国王是国家元首兼最高精神领袖，集王权、族权和教权于一身，他所执掌的俗权和神权成为政治合法性的依据。约旦的君主立宪制不同于君主专制制的是，它通过所制定的宪法（立宪）限制君主权力，体现了民意在国家政治生活中的参与作用。

二、伊斯兰教在约旦政治体制中的重要作用

作为众多阿拉伯国家国教的伊斯兰教是公元610年由阿拉伯人穆罕默德创建的。穆罕默德去世后，伊斯兰教信徒在继承权问题上发生了激烈的争执。有的主张继承人应由穆斯林公社根据资历、威望选举产生，因而认为穆罕默德的门徒、由穆斯林公社推选的哈里发（政教合一的领袖，共4人）是合法继承人的教派，即后来的“逊尼派”。有的坚持世袭原则，认为穆罕默德的堂弟、女婿阿里应作为合法继承人，后来被称为“什叶派”。这两个派别成为伊斯兰教的两个主要教派。

逊尼派全称是“逊奈与大众派”，阿拉伯语原意为“遵循传统者”。“逊奈”一词在阿拉伯语中意为“告诫、箴言、行为、教律”，伊斯兰教义学家解释“逊奈”一词指的是穆罕默德的事业、行为和言论。而逊尼派则是由逊奈一词引申而出（陈万里，1989）。逊尼派提倡人们可以有自己的思想，可以在《古兰经》没有指明的地方以个人的观念去理解和认知世界，在提倡革新的同时，也比较温和。

“什叶”一词在阿拉伯语中解释为“分派、宗派、同党”，后逐渐成为什叶派专用名词（陈万里，1989）。其主要观点与逊尼派相对立。什叶派具有强烈的宗教热情和弥赛亚（救世主）情结，是伊斯兰教中的非主流派别，受到逊尼派的压制和歧视，具有特殊的宗教信念和凝聚力，被认为比逊尼派激进。

逊尼派与什叶派穆斯林对待伊斯兰教的不同理念，表现在以下几点。

（1）在伊斯兰社会的领导权问题上，逊尼派承认四大哈里发及以后的伍麦叶王朝、阿拔斯王朝、奥斯曼土耳其帝国哈里发的合法性；什叶派则认为伊斯兰社会应该由阿里及其后裔领导，只有阿里是穆罕默德的合法继承人。

（2）什叶派在历史上形成了逊尼派没有的包括大阿亚图拉、阿亚图拉和霍贾特伊斯兰在内的宗教学者等级制度，规定信徒必须追随一位宗教学者，使得高级宗教学者具有巨大的影响力。

目前，逊尼派约占世界穆斯林总数的90%，什叶派约占10%。逊尼派与什叶派在人口中所占比例大致情况见表1。

表1　逊尼派和什叶派穆斯林的分布情况

派别	国家
逊尼派占多数	约旦、科威特、阿曼、卡塔尔、沙特阿拉伯、叙利亚、埃及、阿联酋、利比亚、巴勒斯坦、摩洛哥、突尼斯、土耳其等
什叶派占多数	伊朗、伊拉克、巴林、阿塞拜疆
两种派别比例相近	也门、黎巴嫩

约旦是以逊尼派为主的伊斯兰国家。约旦国家的形成不是真正的民族主义运动，但仍可视为具有准民族主义性质。阿拉伯民族意识的觉醒从一开始就注

定同伊斯兰教有密不可分的联系，伊斯兰教始终是阿拉伯民族主义的精神支柱和文化依托，而阿拉伯民族主义也因此有着鲜明的伊斯兰特征。

宗教把万物的起源归因于神，把政治权力神圣化。而各国各个时期宗教的发展是不平衡的，宗教与政治的疏密程度也非同一的。在宗教与政治的关系中，既有联系极其密切的世界性宗教，如伊斯兰教，也有与政治相对疏远的宗教，如佛教。伊斯兰教作为一种精神信仰的同时，它还体现了一种价值观念，一套完整的政治、社会和法律制度，一整套文化体系和生活方式（李伟建，2007）。伊斯兰社会淡化宗教和世俗的区别，主张伊斯兰教与社会生活的各个方面紧密相联。伊斯兰教历经数百年的发展演变，已作为伊斯兰世界的主体文化渗透在社会生活各个层面，成为伊斯兰社会价值观的坐标，主导着绝大多数穆斯林的思维模式和行为方式。伊斯兰教与其他宗教相比有五大特点：①全民性，即宗教和民族同一性；②入世性，即较强的参政意识；③排他性；④开放性、普世性；⑤较强的凝聚力和生命力等（李群英，2007）。

伊斯兰教不仅是一种单纯的宗教，也是伊斯兰社会法律的源泉，是治国的指南和社会行为的仲裁者。伊斯兰教没有教会，也不是天主教意义上的宗教组织，因此，它是一种没有牧师、没有圣徒和圣礼的宗教信仰，没有人介于信徒与真主之间（托马斯·李普曼，1985）。先知本人和他的后裔不高于他人也不创造奇迹，这也就注定了约旦国王要通过在建立国家、建设国家和保卫国家的过程中建功立业来获得和巩固他的权威及统治地位，这也正是约旦历代国王励精图治、奋发图强的内在动力。约旦宪法规定，国王必须是穆斯林并且其父母也必须是穆斯林。这是约旦王室和宗教紧密联系的表现。

伊斯兰教谋求消除对真主的义务和对国家义务之间的界限，伊斯兰教不仅是宗教权威，而且是世俗权威的源泉（托马斯·李普曼，1985）。在20世纪70年代驱逐巴勒斯坦解放组织的战斗中，大多数巴勒斯坦人都支持侯赛因·伊本·塔拉勒国王的军队就是宗教在政治中的重要作用的体现（King Abdullah Ⅱ，2011）。

综上所述，伊斯兰国家采取何种政体在历史上一直存有争议，在《古兰经》和《穆罕默德言行录》中没有具体指明如何选定接班人。这个问题从来也没有在理论上得到解决，还导致了什叶派和逊尼派的分裂。在约旦，宗教和国王的紧密联系使得这个问题得到了完美解决。首先，宗教和约旦王室在历史中的渊源是约旦选择君主立宪制的基础；其次，伊斯兰教严格的一神教反映了统一国家的政治要求，是约旦众多部落能够组成统一国家的宗教要求；另外，伊斯兰教是一种宗教、行政、军事三位一体的组织，这种组织为约旦的国王在政府中的地位提供了保障。

三、约旦面临的挑战与改革

约旦国王有显赫的家族背景和血缘合法性，有瞩目的政绩及民族和宗教感召力，但也面临着多方面的挑战。第一是宗教、家族、部族等内部权力之争，第二是经济改革与发展难题，第三是极端宗教势力的威胁，第四是推行改革所带来的政治风险。

（一）宗教、部落、家族等内部权力之争

自王国建立以来，王室的统治地位就受到各种宗教势力的诟病和威胁。紧邻以色列，并处在宗教斗争激烈、派别林立的地区，使约旦面临来自各方的压力。如何处理好国内占大多数人口的巴勒斯坦穆斯林和部落原住民之间的关系，也是一个棘手的难题。伊朗什叶派领导人认为，沙特和约旦的国王家族只是笨拙地利用伊斯兰教来保护自己的财富和特权，他们的腐败和对西方的依赖是政权非伊斯兰性质的充分体现（吴云贵，2007）。这也促使约旦王室证明自己宗教渊源的正统高贵性的同时，在对内对外政策上积极寻求除西方外的更多支持。

占约旦全国人口四成的部落人民是统治约旦近一个世纪的哈希姆王室的主要支持者。部落虽然在历史上向来效忠王室，但有时也会对王室的某些做法公开表示出不满，甚至威胁到对王室的忠诚。例如，2011年2月7日主要来自贝都因部落的约旦36位势力强大的部落领袖罕见地发表联合声明，公开批评约旦王

室，特别诟病了王后拉尼娅生活奢侈又干政等行为。按美国《纽约时报》的描述，声明发布在约旦最著名的网站ammonnews.net上。声明虽没有挑战国王的权威，但对王后却大加挞伐。此举是部落势力向王室传达的明确信息，也是部落势力在现代政治背景下寻求进一步影响的体现。

像所有君主统治的国家一样，历任国王继位都伴随激烈的家族内部权力斗争，暗杀、政变和幕后的各种势力的纠结，这些王权的痼疾始终是王国稳定的隐患。约旦现任国王阿卜杜拉二世就是在其父突然罢黜哈桑王储后继任王位的。宗教在王位继承上的意见冲突也加剧了斗争的复杂性。

王室为了维护王国传承的平稳性，就必然要不断吸取历史教训，结合现代法律精神进一步发挥宗教和部落在维护社会稳定中的重要作用，平息内部纷争，为国家长治久安和为此而进行的政治体制改革创造条件。

（二）经济发展难题与改革

约旦自然资源贫乏，经济相对落后，发展经济就成了王国政治稳定的重要基石。约旦国民经济主要支柱为侨汇、旅游和外援，受外部环境影响很大，制约了经济的长期持续稳定发展。约旦历代国王在争取外援、推动本国经济发展中都起到了重要的主导作用。由于世界金融危机的影响，2008年以来，约旦外部投资呈现下降趋势，国内经济增长放缓，失业率和贫困率居高不下。为了摆脱过分依赖外国直接援助的被动局面，就需要根据自身特点积极吸引外国直接投资，发展自己的国民经济支柱产业。1999年12月，约旦国王阿卜杜拉二世建立了由他亲自领导的经济协商委员会(ECC)，帮助政府实施社会经济、行政和教育体制的改革。2000年6月，为加快经济改革的步伐，阿卜杜拉二世国王下令改组政府，将学有所长的经济和技术专家纳入到新政府中来，大大改变了政府内的人员结构。阿卜杜拉二世推进在司法、立法和教育等领域的改革，进行国有企业的民营化改造。为了进一步对外开放和大力吸引外资，他下令制定和修改包括《投资法》《公司法》《银行法》《私有化法》等在内的相关法规，对过时的经济政策法规进行重大调整。阿卜杜拉二世还大力推动兴办出口工业区，在工业区内生产的产品主要供出口。2000年约旦议会通过新的立法，允许在阿克巴设立特别经济区，实行特别金融体制，实施阿克巴开发大计划。几年来，约旦在吸引外资、对外贸易、加强国际合作等方面取得了引人瞩目的成绩。其中，2000年4月11日，约旦正式成为世界贸易组织的第136个成员国；2000年10月24日，阿卜杜拉二世与当时的美国总统克林顿正式签署了《约旦—美国自由贸易协议》，这是美国与阿拉伯国家签署的第一个自由贸易协议，具有深远的历史意义（中国现代国际关系研究所，2003）。在阿卜杜拉二世的努力下，约旦经济逐步走向好转，经济持续增长，财政赤字减少，外国投资和对外贸易不断增加，连续保持低通货膨胀率。这一切成绩的取得来自国王的顶层设计，同时进一步巩固了国王在国家统治和改革发展中的重要地位。

（三）极端宗教势力的威胁

约旦地处阿以冲突的最前沿，是极端宗教势力活跃的地区，所有的中东战争和地区冲突都不可避免地严重影响约旦的政局稳定。历代国王都在中东和平进程中巧妙周旋，为国家独立完整与和平发展创造了难得的机遇。在处理宗教极端势力问题上，约旦国王发挥了极其重要的作用。约旦穆斯林兄弟会在20世纪30年代出现，作为一种保守的宗教运动，从50年代起一直支持国王的统治，因此与王室有着特别的联系（蔡佳禾，2003）。在历次阿以冲突中，约旦的伊斯兰原教旨主义运动体现得相当温和，虽然约旦存在复杂与棘手的巴勒斯坦难民问题，但是这个国家并没有陷入暴力冲突和恐怖主义运动的灾难中。这都得益于国王既没有过分地依赖宗教势力，也没有对宗教势力进行残酷的镇压。

近年来，随着中东局势的进一步动荡，约旦面临的极端宗教势力威胁愈加严重。针对日益兴起的IS极端势力和也门胡塞武装等对地区安全的威胁，约旦国王坚定地维护国家利益和宗教利益，直接参与了对上述组织的军事打击行动。当约旦飞行员被IS俘获并残忍处死后，阿卜杜拉二世戎装出现在世界媒体面前，谴责宗教极端暴行并维护正统教义的形象深入人心。

（四）政治体制改革及其风险

约旦的政治体制改革从来没有停止过，20世纪70年代侯赛因国王先后建立的约旦民族联盟和国家咨询委员会就是君主制自身调整的重要步骤。近年来，约旦在国王的领导下，不断推进政治制度的改革，取消了党禁，放松了对新闻媒体的限制。2011年6月，国王阿卜杜拉二世在演讲中表示将改革选举法，使未来的内阁由经选举出来的议会多数派组建，而不是由国王直接委任。他说："我希望更新后的选举法令，将确保国会代表全约旦人民。"这一举动甚至被西方媒体描述为约旦政体向议会制发展的重要步骤。上述改革的核心目标就是要通过进一步世俗化和法制化的发展来带动约旦政治经济的整体发展，从某种程度上削弱国王对政府的直接控制力，减少宗教在世俗生活中的影响。在国王试图建立更具活力的政治体制过程中，必然会面临宗教保守势力和外部干预势力的双重挑战。

纵观约旦近代历史，国王和宗教是约旦得以在复杂历史背景下取得独立并不断发展的最重要因素。我们也不难看出，在未来相当长的历史时期内，国王和宗教也必然会进一步深刻地影响约旦的政治和经济及民众生活走向。

参考文献

蔡佳禾.当代伊斯兰原教旨主义运动[M]. 银川：宁夏人民出版社，2003.

陈万里. 伊斯兰简史[M]. 上海：上海外语教育出版社，1989.

李伟建. 伊斯兰文化与阿拉伯国家对外关系[M]. 北京：时事出版社，2007.

李群英. 全球化背景下的伊斯兰极端主义[M]. 北京：中国政法大学出版社, 2007.

托马斯·李普曼. 伊斯兰教与穆斯林世界[M]. 北京：新华出版社, 1985.

吴云贵. 近现代伊斯兰教思潮与运动[M]. 北京：社会科学文献出版社，2007.

詹姆斯·伦特. 侯赛因传[M]. 张全先，译. 长春：时代文艺出版社，2003.

中国现代国际关系研究所. 阿拉伯新生代政治家[M]. 北京：时事出版社，2003.

King Abdullah II of Jordan. Our last best chance: The pursuit of peace in a time of peril[M]. New York: Viking Penguin, 2011.

第二篇　经济发展

约旦经济发展的总体态势

白永亮　郭　珊

约旦属于发展中国家，截至2013年其总人口约为645.9万人，人均GDP为5 021美元。近年来，约旦政府积极推进私有化，不断增强经济发展活力，实施贸易自由化政策，放宽外汇管制，大力吸引外国投资和外援。约旦经济保持着较高的增长速度，2004—2008年，约旦的年均经济增长率均超过8%。由于受国际金融危机的影响，约旦经济增长速度从2009年起开始放缓。2010年，约旦积极应对经济下行压力，采取相应措施，经济形势企稳回升，2012年经济增长速度为2.7%，2013年为2.8%。约旦的经济总体上可以总结为以下特点：①约旦的全球竞争力在中东北非国家排名第7，在全球排名第64[①]；②是人力资源丰富而自然资源有限的市场经济体；③容易受到外部冲击，过分依赖侨汇和外国援助；④以服务业为主导的经济体，2009年服务业占GDP比重的64%。

---

① World Economic Forum. The Global Competitiveness Report 2014—2015. http://www.weforum.org/reports/global-competitiveness-report-2014—2015.

一、约旦经济发展史简要述评

（一）约旦独立之初的经济发展

约旦原是巴勒斯坦的一部分。约旦最早的城邦于公元前13世纪建成，曾先后被亚述、巴比伦、波斯和马其顿四个国家统治过。7世纪时期属阿拉伯帝国的版图。16世纪归属奥斯曼帝国。在第一次世界大战后沦为英国委任统治地。1921年，英国以约旦河为界，把巴勒斯坦划分为东、西两个部分，西部为巴勒斯坦，东部为外约旦，任命前汉志国王侯赛因的次子阿卜杜拉·伊本侯赛因担任外约旦酋长国酋长。1928年2月，英国同外约旦签订了英约协定，该约定为期20年。

1946年3月22日英国被迫承认外约旦独立，同年的5月25日，阿卜杜拉·伊本·侯赛因登基为王（埃米尔），定国名为外约旦哈希姆王国。1948年英国在英约协定期满后又强迫外约旦签订了《英约同盟条约》，为期也是20年。1948年5月，第一次阿以战争中，约旦占领了约旦河西岸4 800平方千米的土地。1950年4月，约旦河西岸和东岸合并称为约旦哈希姆王国。1967年第三次阿以战争中，以色列占领西岸。1988年7月，侯赛因国王宣布中断同约旦河西岸地区的“法律和行政联系”。1994年10月，约旦和以色列达成和平协议，签署了和平条约。1995年2月9日，约旦顺利收回被以色列占领的大约340平方千米的失地。

独立之后的约旦战乱仍然不断发生，特别是大批巴勒斯坦难民涌入约旦境内，使得约旦政府财政负担日趋加重，经济发展计划也不能顺利实现，工农业生产近乎停滞。1967年第三次中东战争爆发后，以色列军队占领了号称约旦“粮仓”的约旦河西岸，导致了约旦国内粮食供应紧张，出现了粮食严重不能自给，财政陷入困难。

1973年，约旦国内政局逐步稳定，政府将经济发展放在重中之重，努力多方争取外资外援，积极调整经济政策，不断放松外汇管制，国内金融业得到了长足发展。约旦政府开始关注技术要素对国民经济的作用，积极引进国外先进技术，制订全面系统的经济发展计划，把旅游业发展和劳务输出作为发展战略的重点。由于政策制定切合基本国情，采取的各项措施比较得力，约旦经济情况很快就得到了明显改善[②]。

（二）20世纪80年代约旦的经济发展与社会经济问题

进入20世纪80年代以后，约旦开始实施开放和贸易自由化政策，重视农业、旅游业的发展，大力提倡私人投资，充分利用外资外援，重视资源开发，扩大磷灰石和钾盐的开采量。在开放政策的刺激下，约旦的经济一度获得高速发展，在1981—1985年的五年计划期间，约旦的年均经济增长率达到了11%。但在1988年7月，正值约旦实施第三个五年经济发展计划（1986—1990年）之际，约旦国王对外宣布中断同约旦河西岸的联系，使得约旦的良好经济形势发生了逆转：生产量陡然下降、第纳尔严重贬值、物价大幅上涨。为了挽回经济损失，约旦政府采取一系列措施，具体包括调整外贸政策，积极开展增收节支运动，多方争取外援等，最终才使得经济形势出现转机。随后，在1990年8月爆发的海湾危机和海湾战争，也使约旦经济遭到重创。

约旦的经济支柱非常特别，在20世纪70年代末80年代初期，旅游业、侨汇和外援是约旦的三大经济支柱，带动了约旦经济的迅速发展。在第一个五年计划期间（1976—1980年），约旦的国民生产总值年均增长率达到8.5%。约旦在1990年的国内生产总值为25.674亿第纳尔，约合17.038亿美元，人均国内生产总值425美元。1998年人均国民生产总值达到1998美元，相比1971年增加了1621美元。20世纪80年代后半期，三大经济支柱受到约以冲突以及约旦与其他国家关系的影响和制约，约旦经济结构固有的问题被凸显出来（孟华玉，2012）。

1. 人口急剧增长引发了系列社会问题

约旦具有较高的人口自然增长率，巴勒斯坦难民的涌入加速了约旦的人口增长速度。特别是1948年战争以来，约旦人口迅猛增长的同时也带来了一系列的社会问题：一是人口的快速年轻化改变了约旦的国民消费格局，进而形成对约旦经济发展的潜在威胁。二是粮食严重短缺。人口剧增导致了约旦农业生产

[②]新华社.约旦概况.http://news.xinhuanet.com/ziliao/2002-06/18/content_445867.htm.

供不应求，增加了粮食进口的压力。三是加速城市化没有带来工业红利，却引发了城市问题。农村人口的急剧增加与有限的耕地、有限的农业就业机会等形成了约旦不可调和的社会矛盾，人为地加快了约旦城市化进程。城市人口在约旦总人口中所占比重急剧增加，但城市工业发展不能满足就业的需要，从而造成了人口分布的严重不平衡。城市中的公共设施、交通、住房、医疗保健服务滞后，极大地挑战了体制机制建设。四是水资源更加短缺。伴随着约旦人口的迅猛增加，约旦境内水资源的供给远远不能满足民众的需求。据约旦水利局统计，1990年约旦境内实际可用全部水资源仅为5.5亿立方米，但其需水量却达9亿立方米，即有将近40%的需求得不到满足，严重地影响了人民的正常生活，并严重阻碍了经济的发展。

2. 劳务输入输出不平衡引发了严重的失业问题

1950年以来，约旦劳务输出量居高不下，其根源在于约旦政府对于劳务输出始终采取纵容态度。劳务输出成为约旦创汇的重要渠道。随之而来的是国内劳动力市场人力资源出现严重短缺。为解决劳动力不足的问题，当局一度实施免除其他阿拉伯国家劳工进入约旦工作的劳动许可证。但是由于大量外籍劳工涌入约旦，造成外籍劳工的工资相对较低。然而到了20世纪80年代末，国际石油价格大幅下跌，石油出口国收入减少，导致约旦劳工出现了返乡潮，约旦国内劳动力市场出现严重过剩情况，失业率急剧上升。为了阻止这一情况的恶化，约旦当局下令减少外籍劳工的数量。但由于外籍劳工明显的低成本特征，雇主们仍然有强烈的雇佣意愿，因此，约旦的失业问题仍然得不到解决。

3. 严重的债务问题

约旦本身就地少人多，资源匮乏，外债长期以来居高不下，再加上阿以冲突的影响，经济基础十分薄弱，长期以来只能依赖外援外资。1980年以后，外援和侨汇收入急剧下滑，约旦不得不开始进一步依赖国外贷款，这也使得外债迅速增加。1991年债务达到历史最高水平，高达90亿美元。美国克林顿政府也曾借此向约旦施加压力，提出“全部免除”约旦所欠美国10亿美元债务、对约旦军队提供援助、说服其他国家减免约旦外债等条件，要求约旦加快与以色列关系的改善。

1994年7月25日，约旦国王侯赛因和以色列总理拉宾在美国总统克林顿的主持下举行公开会谈，并签署了《华盛顿宣言》。《华盛顿宣言》签订后，约旦与有关国家就延期偿还部分债务问题达成了协议。1994年6月，约旦与巴黎俱乐部就约旦12亿美元的双边债务偿还延期20年达成协议，而且许多国家纷纷取消约旦债务。1995年初，美国取消了约旦7亿美元的债务。欧洲和日本也相继在双边范围内向约旦提供援助，减免或延期债务。到1995年中期，约旦外债仅为50亿美元，远远低于1991年的90亿美元（The World Bank Report No. 87054-JO，2014）。

（三）海湾战争之后约旦的经济发展

约旦将近十年的强劲宏观经济发展形势被全球经济危机重创，之后一直处于恢复期。受良好的外部环境以及资本流入的影响，约旦在2000—2009年间经济平均增长率一直保持在6.5%。在全球经济危机的影响之下，这种增长态势出现了大幅下滑，到2010年已经下滑到2.3%。最初政府努力满足民众的需求，以期使经济环境恢复健康，但却造成了公共部门赤字扩大，公共债务增长。政府支出的优先次序从投资转向补贴，这就扼杀了私营经济的增长。另外，伴随着进口商品价格的上涨，约旦的对外账户压力增加。

当2009年经济增长出现下滑趋势时，约旦政府的第一反应就是通过增加公共投资以刺激经济的回升。但2010年令人失望的经济表现和逐渐减少的外国资助使约旦政府放弃了这一举措。政府将重点转移到对私营企业的扶持，收缩财政，转变政府对外国借款的依赖，为私人企业信贷创造了足够的空间。2010年底，出现了经济好转的迹象：信贷条件开始放宽，包括房地产、金融、零售贸易和建筑行业。

自2011年开始，约旦面临着一系列外部和内部的冲击。首先，席卷阿拉伯世界的政治革命使约旦短期经济增长率显著下降，较为明显的有外商直接投资、旅游业和汇款；其次，在国际石油以及粮食价格居高的背景下，因为天然气管道的不稳定，约旦被迫由天然气切换到更为昂贵的重油和柴油来维持电力供应；最后，要求政治改革和改善社会环境的示威游行的爆发迫使政府着力解决不同阶层对社会改革、减少腐败的要求（The World Bank Report No. 58114–JO，2012）。

二、约旦产业发展概况

约旦资源较贫乏，可耕地少，进口依赖度高，经济基础薄弱，国民经济主要支柱为侨汇、外援和旅游。约旦自然资源种类少，主要矿产资源有钾盐、油页岩、锰、铜和磷酸盐及少量天然气。其中，磷酸盐储量约有20亿吨，钾盐储量达40亿吨，油页岩储量达400亿吨，是全球油页岩储量最多的五个国家之一。旅游业作为约旦的三大经济支柱产业之一，也是约旦的主要创汇渠道。

（一）约旦的农业生产及农产品贸易

约旦大部分领土是高原，东高西低。全国91%以上的土地年降雨量少于200毫米。约旦气候炎热，通常每年10月到次年3—4月份为雨季。东部大部分属于由沙漠和裸露的岩石、砾石等组成的荒漠，年降雨量更少，大约在100毫米。约旦农业不发达，2010年数据显示，约旦主要农作物有大麦、小麦、蔬菜、玉米、水果、橄榄等。农产品不能满足国内需求，75%的粮食及肉类主要依靠进口支撑。农业人口约为11.04万人，占全国劳动力人口的12%。约旦可耕种用地面积仅占其国土面积的7.8%，已耕种用地面积约为50万公顷（1公顷＝0.01平方千米），大多集中在约旦河谷附近，均为私人经营。西部约旦河两岸是主要的农业区，年降雨量在500～700毫米。在西部农业区中能够灌溉的耕地仅占全部耕地的7%，而生产的农产品产量占全国的40%，其农业产值占全国农业产值的70%左右（王沅，1988）。约旦农业发展的主要障碍是水资源的匮乏。目前已建成的主要水坝有10个，总容量3.27亿立方米，有91%位于干旱地区。

约旦可耕地主要适用水果和蔬菜的种植。约旦谷物的需求主要依赖进口，奶制品及牛羊肉的进口量也较大，每年农产品的进口额约占全国总进口额的

17%～20%。

约旦农产品品质较高，检验检疫体系完善。随着农产品质量进一步提高和改进，约旦已经具备了与国际市场竞争的能力，因此，约旦政府克服不利因素，重定相关法律、法规以开放和改革规范农产品市场，促进和鼓励农产品的出口，进而缓解劳动力市场的就业压力。

近年来，约旦向欧洲出口农产品受阻，数量有所下滑，伊拉克、叙利亚、黎巴嫩等成为约旦重要的农产品出口国。例如，约旦与伊拉克的农产品贸易额迅速增长，伊拉克进一步向约旦开放农产品市场，采取了加快农产品进口许可证发放速度、延长司机入境签证有效期、降低入境司机收费和暂停对约旦出口家畜的检疫等政策措施。约旦与叙利亚的蔬菜、水果贸易进出口渠道通畅。2014年1—10月，约旦从叙利亚进口了8.4万吨蔬菜和水果，出口了8.5万吨蔬菜和水果。

为了鼓励、支持农业发展，约旦中央银行批准了农业企业从当地商业银行申请由世界银行所提供的小额优惠贷款的权限。截至2013年，约旦农业公司从商业银行获得的贷款总额约3.74亿美元。据《约旦时报》报道，2014年，约旦水果、蔬菜和牲畜出口额达7.7亿美元。蔬菜和水果的出口总额约为5.5亿第纳尔。出口蔬菜和水果总计88.8万吨，同比增长12%，其中蔬菜约为85%，通过空运渠道，主要出口地为英国、荷兰、德国、加拿大和法国等国。出口牲畜总计61.3万头，同比增长36%，主要出口地为沙特及海湾国家[③]。

（二）约旦旅游业发展

约旦地处地中海和阿拉伯半岛之间，又在西亚和北非的通道上，因此，境内有许多历史文化古迹，如历史名城佩特拉、杰拉什、亚喀巴等，吸引着大批游客。从创造就业机会和外汇创收来看，旅游业早已超过了制造业和其他服务业，成为约旦的三大经济支柱之一，也是主要的外汇来源之一。20世纪70年代末80年代初，约旦经济的繁荣离不开旅游业的发展。海湾战争曾使约旦的旅

[③]约旦农产品出口保持快速增长势头.中华人民共和国商务部网站. http://cccfna.mofcom.gov.cn/article/i/jyjl/k/201502/20150200885919.shtml.

游业一度衰落，这给约旦经济造成了巨大损失。巴以（巴勒斯坦和以色列，下同）和平进程特别是约以（约旦和以色列，下同）和平进程启动后，约旦的旅游业开始复兴。约旦的主要旅游景区有安曼、死海、杰拉特拉、阿杰隆古堡、亚喀巴、月亮谷等。

约旦于2000年大力发展旅游业。旅游业在广大私营企业的支持下，已成为该国的第二大收入来源。约旦2010年旅游业收入达24亿第纳尔，约33.9亿美元。其中，单日游、多日游类型的游客数量均有所增加。旅游业收入的80%源自于景点佩特拉古城。2011年，约旦旅游业受中东地区安全局势动荡的影响，收入明显减少。截至2011年11月，约旦旅游业收入约为18亿第纳尔，约合25.4亿美元。

约旦积极开辟海湾阿拉伯国家合作委员会（简称海合会，其成员国包括阿曼、阿联酋、卡塔尔、巴林、科威特和沙特阿拉伯六国）成员国和印度等国的客源市场。2011年1—8月，来自海合会成员国的游客有82.7万名，相比2010年同期增长了26%。这些游客均为多日游。同期约有71.8万名来自沙特的游客，占到游客总人数的86%，相比2010年同期增长了45%。此外，在2011年1—8月，来自非洲的游客超过1.1万名，相比2010同期增长了16%。

（三）约旦能源产业发展

1. 能源概况

约旦能源短缺，96%的能源需求依赖进口，每年能源花费占约旦国内生产总值的20%。2011年由于埃及天然气的中断造成约旦被迫转用重油和柴油发电，因而造成约旦经济的巨额亏损。仅2012年一年，约旦进口能源总花费约为66.4亿美元，相比同期增加20.7%，约占总进口额的32%。由历年能源消费数据可以看出，能源消费的主要部分是石油及其副产品，且两者上升趋势明显，其次为天然气和进口电力，清洁能源占比仅1%～2%。此外，伴随人口增加和经济发展，未来十年约旦能源需求年增速可达5.5%，电力需求年增长7.4%[④]。

[④]驻约旦经商参处.约旦能源现状及新能源发展简况. http://www.mofcom.gov.cn/article/i/dxfw/gzzd/201411/20141100792645.shtml.

2. 约旦能源产业的挑战

（1）过分依赖进口。据相关数据显示，2011年，约旦消耗的能源中进口能源占比高达96%，本土能源占比4%。国内80%的发电需要依赖从埃及进口天然气。由于埃及输气管道受到破坏，近年来，增加石油进口量替代天然气发电使财政负担显著增加，出现了电力销售价格低于成本价的局面。

（2）能源进口成本高。由于国际关系的不断变化，导致能源进口的不确定性增加。2012年，能源进口开支额度占到约旦整个GDP的20%。长期依赖进口的能源供应模式使得能源成本长期高位运行。

（3）基础能源需求量快速增长。能源作为人类生产活动得以进行和发展的物质基础，其与经济社会发展的关系越来越密切。约旦人口增长及工业发展对重油、柴油、汽油、煤油、天然气等基础能源的需求将快速增长，过度地依赖进口将迫使约旦改变基础能源的需求结构。

（4）电力呈现高增长率态势。约旦矿产与能源部2011年预测，到2020年约旦电力需求将维持7%的高增长速度，这将对天然气和石油进口提出较大的挑战。开发新能源成为约旦未来发展的必然选择。

3. 能源发展战略与规划

（1）能源发展战略。随着约旦经济的发展，能源需求进一步增加，约旦政府制定了国家能源战略规划。改变能源结构，大力发展太阳能、风能等可再生能源以及油页岩和铀矿发电成为了约旦能源发展的战略方向。2007年，约旦本土能源电量占比3%，进口能源占比高达97%。据约旦政府规划，到2015年，进口能源所占比重将减少到75%；至2020年，这一比例将进一步地压缩至56%，可再生能源达10%。截至目前，风能、太阳能等清洁能源仅占约旦全国能源供给的1%，约旦政府已计划到2020年将新能源发电量提升到10%。

约旦积极调整能源结构，2020年能源结构战略目标是石油、天然气占83%，核能占6%，可再生能源占10%，电能进口占1%。2005年以来，约旦政府加大对油页岩的开采力度，但却并未取得较好的成效。首先，从油页岩中提炼原油的技术难度大、成本高；其次，油页岩开发的环境污染问题难以突破。约旦的油页岩开采技术研发将会是一个长期的过程。核能的发展对基础电网要求较高，而约旦当前电力网络不足以支撑核电发展，电网升级成本较高。核能发展耗水量大，对选址要求高，而且核电站的前期投入需要大量资金，而这些是约旦的财政状况所难以支撑的。所以，发展可再生能源如风能、太阳能是最具有可行性的选择。

2012年，约旦政府推出全国首个上网电价补贴计划以优先发展太阳能能源，对太阳能的上网电价补贴为每千瓦·时120菲尔斯，约0.17美元。该政策还针对约旦本土的安装系统提供额外15%的国内津贴。约旦政府认为，鼓励民众使用太阳能能源是减少电力需求和成本的最好办法，个人以及中小型企业使用太阳能能源则每月可节省32%～70%的开销成本。约旦政府出台政策法案以积极推广太阳能能源，太阳能产业正呈现稳健增长的态势。

在解决能源问题方面，约旦政府采取的主要措施包括逐渐提高电价、弥补国家电力公司亏损和政府财政补贴。约旦政府积极实施能源的多元化战略政策：①积极推进以色列天然气购买项目，该项目预计每年可以为约旦政府节省约7亿第纳尔的支出；②继续与塞浦路斯、巴勒斯坦协商购买天然气；③实施相关的能源项目和计划，并在亚喀巴建设两个液化气站，计划将于2015年投入运营；④继续利用由海合会所提供的资金援助开展相关项目[⑤]。

（2）能源发展规划。约旦政府为改善能源紧缺状况并逐步实现能源自给，推出并实施了多元化的能源战略，其中较为重要的一项战略就是大力发展可再生能源。约旦政府于2010年颁布了《可再生能源和能效法》，以促进包括太阳能在内的可再生能源的开发利用，并于2012年再次颁布配套法规，施行上网补贴电价等一揽子优惠政策。截至2014年，约旦政府已与30多个本地和国际投资者签署能源合作备忘录，计划在未来五年之内共同开发多个中小型可再生能源发电项目，总发电量可达1 000兆瓦。该项目重点在于抓紧开发油页岩，增加天然气供应来源和研讨核能开发。

[⑤]Solarzoom.蓄势待发揭开约旦光伏市场的神秘面纱. http://www.solarzoom.com/article-26663-1.html.

（四）交通运输产业

约旦以公路运输为主要交通运输方式。约旦的铁路和陆路系统非常发达，甚至延伸到阿曼境内。约旦已基本建成沟通全国城乡的国内公路网，国际公路网与以色列、沙特、伊拉克、叙利亚等国相连接。交通运输情况如下：①铁路运输情况。约旦的铁路全长约为730千米，货运量378.95万吨，客运量3.13万人次。②公路运输情况。约旦公路总长8 000千米，有汽车约32.15万辆，公路年运输量可达900多万吨。③海上运输情况。亚喀巴港位于约旦南部、红海北部，拥有集装箱码头、散装码头及22个深水泊位，是约旦唯一的港口和进出口贸易集散中心，有固定航线29条，通往除西非海岸及南美西部海岸的200多个港口外，年货物吞吐量可达2 200万吨。④航空运输情况。约旦皇家航空公司拥有国际航线50条，各种飞机35架。主要机场有安曼阿丽娅王后国际机场、亚喀巴国际机场、安曼民用机场（马尔卡机场）。2010年阿丽娅王后国际机场飞机起降6.29万架次，同比增加8.8%，客运量达540万人次，同比增加13.2%。交通运输产业产值占全国GDP的11%，也是创汇的主要手段之一。路网的维护成本也在不断增加[⑥]。

约旦政府推行交通服务改革，包括公共企业私有化和货运企业私有化。城市公共交通和城际高铁建设成为当前约旦路网建设的重点。目前，约旦政府正在积极推进国家铁路工程、核能工程和红海—死海运输工程三个重大项目。

三、约旦经济形势与面临的挑战

（一）宏观经济运行压力大

一个国家的宏观经济情况往往受世界石油价格的影响。如果国际油价居高不下，国际方面和伊拉克对约旦的商品及服务的需求依然保持强劲，那么约旦

[⑥] 中华人民共和国外交部.约旦国家概况.http://www.fmprc.gov.cn/mfa_chn/gjhdq_603914/gj_603916/yz_603918/ 1206_604978/.

的经济增长以及通货膨胀趋势可能持续增高，资本账户、经常账户以及国内活期存款账户恶化的可能性在增加。主权债务危机的蔓延也会通过商品和服务的需求影响到约旦，特别是伊拉克等海湾国家和美国（约旦的主要贸易伙伴）经济受到主权债务危机影响的风险在逐渐加大。国际政治经济关系的变化，特别是约旦的“富伙伴”国家的形势变化将会对约旦这一过度依赖外部援助的国家造成宏观经济运行的压力。

约旦需要确保经济持续增长，减少失业，尤其是青年和妇女的失业。这将主要面临以下几个方面的挑战：增强抵御冲击的能力，并将促进良好治理，改善国内投资、就业和生产的政策与制度落实到位；约旦政府财政整顿成为约旦经济能否长期增长的关键之一；保护弱势群体也是至关重要的；长期增长还取决于约旦利用私人资本投资于基础设施和提高企业及部门生产率的能力，通过深化教育改革以跨越技能差距和提高教育教学质量等。改革也需要解决经济活动中固有的低效率问题，包括缺乏灵活的劳动力市场，中小企业所承担的与低效率就业相关的社会保障体系的负担，大型公共部门对工资的扭曲市场效应。就业机会的创造和经济社会的相互包容是约旦目前的工作重点。确保稳定的宏观经济框架才有可能实现这些目标。

（二）商业环境有待改善

约旦是全世界十大缺水国家之一，人均145立方米（严重缺水）的年可再生资源远远低于人均500立方米的阈值，灌溉、工业和日常生活对水的需求，湿地的保护和河道内栖息地的需求，水质和水源性疾病控制的恶化，继续带来严峻的挑战。人口和经济增长对非常有限的水供给进一步施加了压力。

气候变化是一个具有挑战性的问题。全球气候变化评估显示，到2008年，干旱天数、热浪、温暖的黑夜和生长季节的长度以及霜冻天数将会显著增加。到2050年，约旦将成为严重缺水的地区：降水量减少10%，温度升高2摄氏度可能会致使水量减少40%～60%。水资源短缺和气候变化将进一步加大约旦的粮食进口依赖（特别是小麦和大麦），约旦对这些谷物消费的97%是依赖于进口的。从长远发展来看，约旦应通过投资适应气候改变的农作物项目来应对水资源短缺和气候变化的挑战。对粮食价格波动更好地管理需要金融对冲工具的发展和充足的粮食存储量。

通过可再生能源和其他非传统能源的逐步发展实施能源效率项目及改变能源构成是约旦政府工作的重点。约旦在电力行业的根本性改革已经取得了显著的进步。为了促进可再生能源投资和提高能源效率，约旦政府正在完善相关法律、法规。

以上这些事关约旦发展的制约因素需要巨额的投资来支撑。约旦政府财政难以支撑这些领域具体项目的投资，寻求国际投资将成为约旦的必然选择。引进外资最需要的是改善投资环境，这将是约旦未来建设的重点。

约旦政府意识到需要实行政府职能改革，实现政府管理到政府服务的转型，关键在于加强政府决策的公共参与，强化公民社会机构的角色，构建政府机构与公民间的社会信任。约旦政府进行了政治改革，通过《政党法》和《选举法》来推进政府工作的透明性、参与性和责任性。公共部门的执行力、责任感和透明度得到了有效改善。约旦2006年就通过了《信息获得法》和《反腐法》，成立了审计署、监察署、反腐委员会和国王阿卜杜拉二世行政执行与服务质量评估中心，致力于构建一个执行效率高、以服务为宗旨的公共部门来提高政府的公共服务能力，以期提高政府的发展能力、执行能力、管理能力和决策能力。

（三）教育投资的需求激增与教育改革压力大

发展教育事业，增加人力资本投资，提高人才的竞争力是约旦的必然选择。执行教育改革、改善教育质量、制定鼓励私人部门创新政策才能缩小与其他国家的技术差距。目前约旦面临着以下几个方面的挑战：过度拥挤的学校需要升级改造和扩大规模；贫困区域和农村区域学龄儿童入学的压力大；教育投资预算需要大幅度提高，而财政支撑力度不足以满足教育的投资需求；僵化的大学教育体制改革面临重重困难；培训课程与劳动力市场需求的脱节问题必须尽快解决；大学教育对劳动力市场的适应能力有待提高；大学自治与创新能力需要激发。以上一系列问题的解决既需要巨大的资金支持，也需要提高政府的公共效能。

参考文献

孟华玉. 中东和平进程中的经济因素——约旦个案分析[J]. 价值工程，2012(28):190−192.

王沅. 约旦农业生产存在的问题及对策[J]. 世界农业，1988(9): 12−14.

The World Bank Report No. 87054−JO.International bank for reconstruction and development international finance corporation progress report on the country partnership strategy for the Hashemite Kingdom of Jordan for the period fy12−fy15[R].2014−7−23.

The World Bank Report No. 58114−JO. International bank for reconstruction and development and international finance corporation country partnership strategy for the Hashemite Kingdom of Jordan for the period fy12−fy15[R].2012−2−1.

约旦经济发展特点及对策研究

胡建团　邓宏兵

一、经济发展的基本条件

约旦产品经陆路和水路直接面向国际市场，战略地位十分重要，区位优势非常明显。国内钾盐、铜、磷酸盐、锰和油页岩储量较为丰富，其中，磷酸盐储量约20亿吨，死海海水钾盐含量非常高，可提炼储量达40亿吨，天然气储量近2 000亿立方英尺（1立方英尺=0.028 317立方米），油页岩储量400亿吨，氧化铀储量8 000吨。尽管与其他中东国家相比，约旦资源储备量明显偏少，2011年的能源对外依存度占96.1%，但人均资源占有量不低，为约旦发展资源型工业提供了基本条件。

我国学术界曾在20世纪80年代对中东地区的经济发展模式及发展特点做过研究，但研究的重点主要是中东国家的经济发展战略与经济运行体制。由张俊彦教授主编的《中东国家经济发展战略研究》一书应该是当时具有代表性的研究成果之一。他曾通过研究中东政治构架及社会文化传统与经济发展的关系来揭示经济发展的特点，但并未做深入细致的探讨。众所周知，一个国家的发展除了经济发展之外，也包含着政治、文化等诸多方面，既涵盖生产力，又涵盖生产关系；既包括经济基础，又包括上层建筑（吴传华，2009）；既联系区域政治局势，又关注国内政治变动。由于中东地区集中了一批位居世界前列的著名石油生产国和输出国，在世界经济领域，特别是世界能源、国际贸易和国际金融方面占有举足轻重的地位。由此导致近几个世纪以来战乱不断，长期受制于西方国家。这使得身陷其中的约旦长期处于战备经济状态。约旦是一个世袭的阿拉伯君主立宪制国家，这样的制度也导致经济的发展和国王自身的能力及治国导向关系密切。很明显的一点就体现在国王阿卜杜拉二世登基以后，由于进行了一系列的改革，约旦经济连续多年保持6%以上的增长率，这在中东地区国家是很少见的。

作为影响约旦经济发展的外部因素，国际经济关系的变化具有特别重要的意义和作用。由于战后中东民族解放运动的深入开展，国际石油垄断资本在中东的统治到20世纪70年代已完全崩溃，使外国垄断资本及其跨国公司在中东的地位和作用发生了很大变化。旧的国际经济关系受到冲击，而要求建立新的国际经济秩序的强大呼声遍及全球。南南合作（发展中国家之间的合作）的发展和南北对话（发展中国家与发达国家之间的经济会谈）的进行，为中东国家对外国垄断资本实行限制和利用的政策创造了有利的环境及条件。目前在约旦的许多跨国公司转向同所在国的政府或私人进行合作，通常采取合营或承包方式向所在国提供技术和经营管理服务。这对加速约旦经济的发展具有一定的积极作用。

二、经济发展的主要特点

约旦特殊的地理位置和独特的国家进程决定了其国民经济主要依靠外援、侨汇和旅游。自阿卜杜拉二世国王执政后，发展经济和提高人民生活水平成为其施政重点。他组织成立国家经济顾问委员会，实施经济改革，加速贸易自由化、财产私有化和国家法制化进程；大力改善投资环境，加速合格工业园区、经济特区等建设；引进“新型经济模式”，极力拓展信息产业，积极寻求外援与减免债务，设法促进旅游业发展（于苏闽，1987）。

（一）发展方式：外向、开放、包容、自由

约旦政局总体稳定，经济发展环境较好。约旦政府重视经济建设，积极推

行改革举措。近年来，约旦政府重视实施吸引外资战略，采取外向、开放、包容、自由的政策导向。约旦政府颁布《投资促进法》，实施私有化政策，为外来投资者提供了更好的机会。约旦在吸引外资方面进展很大，反映出国际资本对约旦和西亚地区越来越重视。总体来看，约旦政府高度重视国内投资环境的建设与完善，希望能吸引更多外国投资者来约旦投资。约旦投资发展委员会正致力于广泛听取各界意见的基础上，修订新的国家投资战略，健全完善投资管理规章制度体系，努力营造更为便民亲商、开放包容、来去自由的投资环境；通过提升基础设施保障能力、继续推行简化投资手续和低税收政策等激励机制，进一步加大招商引资力度。在投资领域方面，约旦政府鼓励对资源型产品的下游深加工行业进行投资。约旦政府致力于解决能源短缺问题，重点推动太阳能和风力发电等清洁能源，以及油页岩发电等重点能源项目。此外，旅游、酒店等服务业也是政府重点发展领域。约旦与美国、欧盟、加拿大、新加坡、土耳其和泛阿拉伯地区签署了自由贸易协定和优惠贸易安排，给约旦吸收外国投资带来了一定的便利。世界经济论坛《2013—2014年全球竞争力报告》显示，约旦在全球最具竞争力的148个国家和地区中排第68位。根据报告，约旦在制度、基础设施、健康与初等教育、高等教育与培训、商品市场效率、商务成熟性、创新等指标方面表现较好，在168个国家（地区）中位于中上等水平；技术设备、市场规模、金融市场成熟度排名在第80位左右，处于中等水平。

（二）发展速度：高速增长型

20世纪80—90年代，世界上的发展中国家普遍认为只要经济能够高速增长，失业和贫困等严重的社会问题就可以获得解决。急于摆脱经济长期落后状态的约旦，也采取这种高速增长型的发展战略，不断扩大建设投资，努力加速本国经济的发展，取得了显著的成效。近十几年来，在经济增长速度上，约旦的发展大大超过了西方发达国家。据统计，2000—2013年发达国家平均的国内生产总值年增长率为2.37%，而约旦达5.41%。在2004—2008年间，约旦年平均增长率均超过8%。约旦经济发展的高速度也反映在国民生产总值的急剧增长上。从2000—2013年，国民生产总值增加4倍多 (表1)。为了保证经济的高速增长，约旦在其发展计划中规定了高指标和高投资。截至2013年底，约旦公共债务余额282亿美元，同比增长23.79%，占GDP的85.7%。其中，内债178亿美元，同比增长8.2%；外债104亿美元，同比增长49%。2013年底，约旦发行了12.5亿美元由美国提供担保的欧洲债券（车效梅，2006）。

表 1　2000—2013年约旦GDP及年增长率统计表

年份	约旦GDP（现价 亿美元）	约旦GDP年增长率（%）
2013	336.78	2.83
2012	312.43	2.8
2011	288.40	2.59
2010	264.25	2.31
2009	238.20	5.48
2008	219.72	7.23
2007	171.11	8.18
2006	150.57	8.11
2005	125.89	8.12
2004	114.11	8.56
2003	101.98	4.18
2002	95.84	5.79
2001	89.80	5.27
2000	84.64	4.24

数据来源：世界贸易组织数据库.http://stat.wto.org/Home/WSDBHome.aspx.

（三）经济结构：以工业为基础，以服务业为主导

从三大产业结构来看，约旦农业所占比重最低，不到GDP总量的3.2%；工业总量总体偏低，约占GDP总量的29.9%；服务业已成为支柱，约占GDP总

量的66.9%。

约旦农业受自然和地理环境影响明显，可耕种土地少，发展比较落后，占GDP总量的比重仅为3.2%，农产品主要依赖进口。国土面积的90%以上为沙漠，可耕地面积约70万公顷（1万公顷=100平方千米），水资源短缺成为制约农业发展的最大障碍。农耕面积22.4万公顷，其中，粮食作物7.2万公顷，果树11.9万公顷，蔬菜3.3万公顷。主要粮食作物为小麦和大麦，主要蔬菜为西红柿、马铃薯、茄子和西葫芦，主要果树为橄榄、葡萄、苹果、桃和柠檬。蔬菜多出口至周边国家，是约旦主要出口商品之一。2012年，约旦蔬菜出口额5亿美元，同比下降0.6%，主要出口国家包括阿联酋、叙利亚和伊拉克，占出口总额的49%。

约旦的大型工业主要集中在化工、建材、化肥生产和制药几个方面，其他多属轻工业和小型加工工业，涉及的主要领域有炼油、塑料制品、采矿、皮革、食品加工、玻璃、纺织、卷烟、制鞋、造纸等。主要工矿企业有约旦磷酸盐公司、阿拉伯钾盐公司、约旦炼油公司、约旦钢铁公司。另外，美国在约旦境内设立了十几个合格工业区(QIZ)，生产的商品大部分为服装，出口目的地主要是美国。服装贸易占约旦对美出口的90%以上，并成为近年约旦第一大出口商品。

服务业的发展为约旦经济做出了重要贡献，尤其是旅游业的兴起成为约旦一项重要的财政收入来源。旅游业的发展不仅带动了房地产、航空业、医院、宾馆以及其他行业的发展，同时也成为约旦的主要就业领域。由于约旦政局稳定、社会安定、旅游资源丰富，加之较高的医疗水平和适中的医疗费用，吸引了大批来自海湾、欧洲和美国等地的游客。尤其是杰拉什、阿杰隆古堡、安曼、死海、佩特拉、亚喀巴等地，近几年逐渐成为约旦的旅游胜地。

（四）经济成分：以国营企业为主导，多种经济成分并存

约旦独立后，通过对外资企业实行国有化措施，普遍形成了以国营企业为主导，合营企业、私营企业和外资企业等多种成分并存的混合型经济。政府通过立法和制定相应的政策，保证了各种不同经济成分的合法存在和发展。这种

混合型经济体制是与约旦的基本性质和现行社会制度相适应的。它有利于实行外向与开放，不断增强国民经济的活力。

约旦的国营经济成分在国民经济中占据优势地位，并起着主导作用。它是凭借国家政权力量，在没收或接管外国公司资产的基础上，由政府财政拨款投资建立和发展起来的，成为中东各国民族经济的重要组成部分。它对本国政府掌握国家经济命脉，打破跨国公司垄断，发展有利于国计民生的关键性经济部门，加速本国资本积累和本国技术人员、管理干部的培养，以及促进国际经济合作等，做出了积极的贡献。本国私营企业的发展与国营企业既有竞争又互相补充。为了发挥本国私人资本的作用，约旦政府对私营企业在提供原料、贷款、减免税收及货运销售等许多方面给予优惠。

（五）人力开发：智力投资高，劳务进出口大

约旦重视智力投资、培养人才，把教育作为促进发展的重要条件和基础。阿拉伯联合酋长国总统扎耶德认为:“最好的投资是为造就有知识、有文化的后代投资。”阿曼国王卡布斯强调:“国家若要强盛兴旺，必须依靠文化科学知识，没有科学就没有发展。”约旦公民在基础教育阶段的学习全部免费，基础教育为10年一贯制；高中教育学制为两年。全国有各类学校4 000多所，教师6万多人，学生130多万人。学龄儿童入学率高达95％。有10所公立大学和19所私立大学，在校生26万多名，其中包括近3万名外国留学生。全国有学士24万余名，硕士近1.4万名，博士2300多名。（2012-2013年数据）。

在加强智力开发的同时，约旦为解决本国劳动力短缺或就业不足的困难，还开展大规模的劳务输入或输出，这对促进本国经济发展起到了积极的作用，但同时负面效果也很明显。尽管侨汇在约旦国民收入当中占据重要位置，但是周边国家难民的被动输入造成的“挤占型失业率”居高不下。多年来约旦的失业率一直保持较高水平，最重要的原因就是伊拉克难民的大量流入，这看似解决了劳动力短缺的问题，但在中东地区经济不景气的时段，却是造成约旦人民失业的主要因素。

三、关于约旦未来经济发展的思考

十几年来，约旦政府结合自身的条件，通过一系列的改革措施促进了约旦经济的发展，并始终保持较高的经济增长率，这在中东乃至全世界都是个奇迹。然而，敏感的区域位置及宗教力量对约旦长期发展的影响一刻都没有停止（王悦纯，1995）。在经济贸易全球化的今天，约旦经济发展的方向将是一个重要议题。

（一）进一步调整产业结构，加快实体经济的发展

目前，约旦的经济结构是以工业为基础、以服务业为主导，这种结构在长时期内带动了约旦经济的快速发展。但近几年来，约旦的经济增长率有所下滑，这除了跟周边国家政局不稳有关外，也显现出约旦实体经济的薄弱。加快产业结构调整，提升和加强工业基础将是约旦今后一个时期的经济工作重点。

（二）合理控制人口增长，稳定失业率水平

中东地区的动荡造成约旦周边国家的难民长期逃亡约旦，无形中增加了约旦的人口数量，造成约旦"挤占型"失业人口不断增加，实际失业率高居不下。约旦政府应在控制本国人口增长的同时，严格限制外来人口的进入，尤其是周边难民，保证国内人民的工作稳定。

（三）进一步加强与中国的经贸往来，争取成为"一带一路"上的重要站点

多年来，约旦与中国的经贸往来比较频繁，但是从总额来讲仍然偏低，约旦的经贸重点还在欧洲及西方国家。随着中国全球经济战略的转移及重新布局，约旦应积极与中国的"丝绸之路经济带"和"21世纪海上丝绸之路"战略相衔接，争取成为"一带一路"战略的重要站点，加强基础实施建设，促进互联互通，为约旦工业及旅游业的发展铺平道路。

参考文献

车效梅. 中东城市化的原因、特点与发展趋势[J]. 西亚非洲, 2006 (4):42–48.

王悦纯. 约旦:中东地区一个不可忽视的市场[J]. 世界机电经贸信息, 1995 (7):31–32.

吴传华. 中东领土与边界问题研究[D]. 北京：中共中央党校, 2009.

于苏闽. 约旦的对外贸易及其市场特点[J]. 国际商务研究, 1987 (2):52–53.

中约经贸关系现状及对策

袁 孟 邓宏兵

约旦位于“丝绸之路经济带”上，并影响着“一带一路”的建设和发展，同时地处中东，战略地位非常重要。1977年4月7日，中约两国正式建交。随后，两国的友好往来逐渐加深，中约在政治、经济、文化、军事等各方面的双边合作关系均不断加强。中约两国于1979年5月签订贸易协定，这极大地促进了双方的贸易往来。虽然中约经贸关系发展迅速，前景广阔，但是也存在一些因素制约了中约经贸关系的发展。因此，深入剖析中约经贸关系是我们面临的重要课题。

一、中约经贸关系现状

（一）中约经贸关系概况

沙特、中国、美国、德国和埃及是约旦的主要进口国，美国、伊拉克、印度、沙特、叙利亚和阿联酋是约旦的主要出口国。2010年，随着中约合作关系的快速发展，中国上升为约旦第二大商品进口来源国和第二大贸易伙伴。中国主要从约旦进口钾肥、钾盐，向约旦出口机械设备、电器、电子产品以及纺织服装。表1为2007—2013年中国同约旦经贸合作情况统计。

表1 2007—2013年中国同约旦经贸合作情况统计 （单位：万美元）

年份＼指标	海关货物进出口总额	出口总额	进口总额	承包工程完成营业额	约商直接投资
2013	360 444	343 456	16 988	4 216	125
2012	325 574	295 864	29 710	1 774	120
2011	276 944	251 272	25 672	25 339	631
2010	205 361	188 890	16 471	11 006	640
2009	207 065	195 839	11 226	33 527	87
2008	194 931	182 613	12 318	13 508	341
2007	118 136	109 929	8 207	5 976	520

数据来源：《中国统计年鉴》（2008—2014）。

实际进出某国国境的货物总金额称为海关货物进出口总额。可以用该指标衡量某国在对外贸易方面的总规模。从表1可以看出，7年来，虽然我国同约旦的海关货物进出口总额的绝对值不大，但是中约进出口货物总额不断增加，呈现出上升的良好趋势。同时，中国对约旦的出口总额大于进口总额，呈现贸易顺差。

一国的企业或者其他单位承包另一国建设工程项目的活动称为对外承包工程。从表1可知，在2008—2011年间，中国在约旦的承包工程完成营业额较大，另外3年的承包工程完成营业额相对较小。

约旦的投资者在我国境内通过设立投资企业、合伙企业以及本国公司的分支机构等方式进行投资称为约商直接投资。约商在华直接投资额较小，有很大的上升空间，应积极吸引约旦投资者，鼓励约商在中国投资办厂。

（二）贸易结合度

贸易结合度是A国（地区）对B国（地区）的出口（进口）额占A国（地区）出口(进口)总额的比重与B国（地区）的进口(出口)总额占世界进口(出口)总额的比重之比。贸易结合度具体包括出口结合度和进口结合度。我们常用贸易结合度来衡量两国(地区) 贸易相互依存的程度。贸易结合度的计算公式如下：

$$TCD_{AB}=\frac{X_{AB}/X_{A}}{M_{B}/M_{W}} \quad \text{（公式1）}$$

其中：TCD_{AB}表示A国对B国的贸易结合度；X_{AB}是A国对B国的出口额；X_{A}是A国出口总额；M_{B}表示B国进口总额；M_{W}表示世界进口总额。如果$TCD_{AB}>1$，则表明两国在贸易方面联系紧密，与世界其他国家相比，双方的贸易联系程度相对较高。如果$TCD_{AB}<1$，则表明两国在贸易方面联系松散，低于与世界其他国家的联系程度。如果$TCD_{AB}=1$，则表明两国在贸易方面的联系处于平均水平。

根据公式1计算出2010—2013年4年内的中国与约旦贸易结合度（表2）。从计算结果可以看出，4年内，中国对约旦的出口结合度均大于1，贸易出口关系紧密；中国对约旦的进口结合度均小于1，贸易进口关系松散。

表2 2010—2013年中国与约旦贸易结合度

类别 / 年份	出口结合度	进口结合度
2013	1.578	0.207
2012	1.295	0.381
2011	1.289	0.337
2010	1.210	0.262

数据来源：《国际统计年鉴》(2010—2013)和世界贸易组织数据库。

由图1可知，中国对约旦的出口结合度总是大于进口结合度，说明中国是约旦重要的商品进口来源国。而且，出口结合度逐年上升，有不断提高的趋势。中国对约旦的进口结合度在2010—2012年间不断上升，在2013年出现下降，贸易进口关系呈现出疏远的趋势。

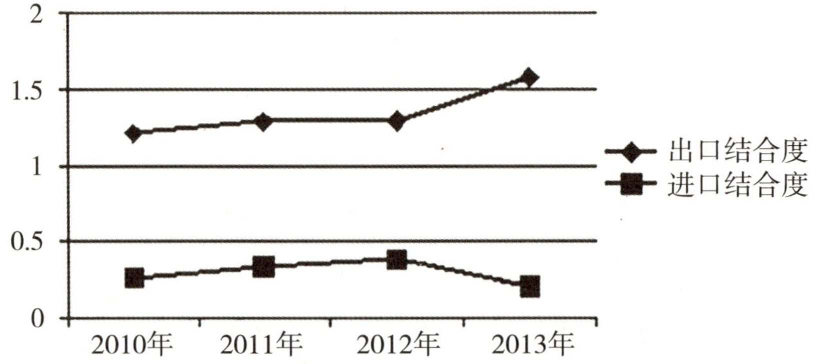

图1 2010—2013年中约贸易结合度折线图

二、发展中约经贸关系的重要性

约旦的地理位置优越且政治地位特殊，随着“丝绸之路经济带”的提出和“中阿博览会”的成功举办，大力发展中约经贸关系意义重大。

（一）约旦政治地位特殊，影响“一带一路”建设和发展

约旦同美国等西方国家关系紧密，重视发展同阿拉伯各国的关系，并致力于同欧洲、俄罗斯、日本的合作。约旦所在的中东，是一个政治上非常不稳定的地方，英国、美国、以色列、各个阿拉伯国家等众多政治力量在这里逐鹿。约旦的政治地位独特，因而中约经贸关系的发展程度与“一带一路”建设紧密相连，并且与全球治理密切结合在一起。目前，约旦已经正式成为中国主导的亚洲基础设施投资银行（简称“亚投行”）意向创始成员国，这将极大地推动双方经贸合作关系的深入发展。

（二）约旦地理位置优越，区位优势明显

约旦地处中东，位于“三洲五海”之地，西与巴勒斯坦、以色列为邻，北与叙利亚相连，东北与伊拉克接壤，东南和南部与沙特阿拉伯交界，是重要的阿拉伯国家。同时，位于约旦南部的亚喀巴港作为约旦的唯一出海口，是中东地区的重要商贾之地，也是进入伊拉克北部唯一的港口，位置非常独特。从

约旦境内一直延伸到伊拉克首都的高速公路享有伊拉克人“陆上生命线”的美誉，是伊拉克对外交流交往的交通要道。阿拉伯国家建立了自由贸易区，约旦产品可顺利进入广大的阿拉伯国家市场。中约经贸合作，可以将约旦作为中国同西方国家和阿拉伯国家合作的“纽带”，将中国产品打入阿拉伯国家，将约旦的区位优势顺利转化为中国自身的优势，从而促进中约双方经济增长，实现互利双赢。

（三）约旦长期依赖进口，消费市场广阔

中国的经济发展迅速，在国内市场日趋饱和，国际市场竞争激烈的情况下，中国需要不断开拓消费市场。而约旦地小人多，经济基础薄弱；农业不发达，可耕地面积少；工业基础薄弱，多属轻工业和小型加工工业，国内产品难以自给。约旦长期依赖进口以满足国内需求，消费市场广阔，这为中国产品出口提供了良好的平台，发展中约经贸关系商机无限。

（四）约旦劳动力充足，磷酸盐和钾盐储量大

每年有大量约旦公民去其他国家工作，约旦劳务输出量大，在海外的劳务人员占约旦劳动力的50%。同时，约旦磷酸盐储量大，约20亿吨。死海海水钾盐含量很高，钾盐储藏量高达40亿吨。中国可去约旦投资办厂，充分利用其劳动力资源和自然资源。去约旦投资办厂，一方面可以节约投资成本，促进中国经济增长，另一方面可为约旦解决就业问题。

三、发展中约经贸关系的制约因素

深化中约经贸合作是中约两国人民的共同期望，但是，在中约经贸关系的发展过程中还存在着一些障碍，对中约经贸关系的进一步发展产生了不利影响，这些制约因素值得我们关注。

第一，受约旦投资环境制约。虽然约旦政府致力于改善投资环境，积极吸

引外资，鼓励外商在约旦投资办厂，但是约旦的投资环境仍不佳，在一定程度上制约了中约经贸关系发展。约旦的国民经济主要支柱为侨汇、外援和旅游，经济基础薄弱，且通货膨胀率高。2013年，约旦的国内生产总值仅320亿美元，经济发展程度不高。同时，中东地区局势持续动荡，民族、政治、宗教等纷争不断，约旦与其他阿拉伯国家关系紧密，周边国家的政局变动会对约旦国内产生影响，在一定程度上影响着约旦对外经济关系。此外，约旦水资源缺乏，投资硬环境有待进一步改善。

第二，西方国家对约旦的干扰，影响中约经贸关系发展。约旦长期依赖外国的援助，将外援作为经济的主要来源之一，这就促使其外交政策与经济援助紧密联系起来。西方国家通过向约旦提供经济援助，加强与约旦的联系，尤其是经济上的联系，对约旦国内产生影响。在这种经济型外交政策的环境下，约旦经贸的动力和发展并不能完全用贸易理论来解释（李涛，2004）。西方国家在约旦的活动影响着约旦的内政外交，从而加剧中国在约旦经贸领域的竞争，制约中约经贸关系发展。

第三，中约双方某些产业结构具有趋同性。中国和约旦都是发展中国家，中国是制造业大国，而约旦的轻工业和小型加工工业发展较好，两国在某些产业上具有趋同性，这些产业的劳动生产率、产品质量和技术水平类似。在雷同的产业内发展两国贸易较为困难，会削弱中约贸易的互补性，对中国同约旦的贸易产生不利影响。约旦以轻工业和小型加工工业为代表的劳动密集型产业基础相对较好，有利于解决约旦的国内就业问题，在经济发展中的作用很大，但是中国向约旦出口的产品主要是机电产品和纺织服装。在这些产业内，两国产品在一定程度上存在竞争，不利于中约经贸关系发展。

四、中约经贸关系发展对策

中约经贸合作惠及两国人民，中约双方需要共同努力，扫除制约中约经贸合作的障碍。

（一）积极开展多领域合作

中约双方应在现有的经贸合作基础上积极开展更宽的领域合作，互通有无，提高贸易互补性。例如，约旦农业不发达，水资源短缺，农产品不能满足国内需求，粮食和肉类主要依赖进口，而中国是农业大国，中国和约旦可以在农业贸易方面进行合作。旅游业是约旦三大经济支柱之一，可以积极促进面向中国市场的约旦旅游发展，实现中约双方互利双赢。同时，应积极鼓励中国投资者去约旦投资办厂，充分发挥中约两国的比较优势。此外，双方还可在宗教资源开发、基础设施、能源等领域开展合作。

（二）促进中约签订自由贸易协定

自由贸易协定在两国或多国间具有法律约束力，能够有效促进经济一体化和消除贸易壁垒。目前，约旦已经与美国、欧盟、东南非等众多国家和地区签订了自由贸易协定。应积极促进中约自由贸易协定的签订，调整两国间的招商引资政策，允许产品和服务在两国间自由流动。通过改善两国间的投资环境，提高中国和约旦投资者投资的积极性，实现两国经贸关系的突破性发展。

（三）依托中阿经贸论坛，深化中约经贸合作

2010年8月，在宁夏举办的首届中阿经贸论坛（2013年起更名为“中阿博览会”），为中阿经贸关系的发展注入了新的内容。此后，中阿经贸论坛成为中国和阿拉伯国家开展经贸合作的重要平台。中阿经贸论坛不仅涉及领域众多，而且投资金额巨大，涵盖经济贸易、文化出版、教育科技、能源利用、宗教旅游等众多领域。中约经贸合作可依托中阿经贸论坛这个平台，深化中国与约旦以及其他阿拉伯国家的经贸合作关系。

（四）以文化为纽带，促进中约经贸关系发展

约旦是以伊斯兰教立国的国家，人民民族感强烈，奉行宗教至上，伊斯兰文化深刻影响着当地居民的生产生活（安维华，1999）。开展中约经贸合作不仅需要了解伊斯兰文化，尊重当地居民的宗教习俗，而且需要主动搭建相关

平台，开展丰富多彩的人文交流，促进中约文化领域合作，最终实现中约文化融合，以文化交流促进经贸合作。此外，我国宁夏回族自治区的穆斯林文化是世界伊斯兰文化的一部分，应充分发挥回族穆斯林文化在中约经贸合作中的作用，以文化为纽带，促进中约经贸关系发展。

参考文献

安维华.论中东发展模式[J].西亚非洲，1999(4):8−14.

李涛.新经济时期中约经贸现状及发展初探.[J].阿拉伯世界，2004(6)：34−36.

约旦宗教旅游资源及其开发利用

马 静 邓宏兵

约旦是一个主要由穆斯林组成的国家，其中约有92%的约旦人是逊尼派穆斯林，大约有6%的人信奉基督教，同时也有希腊天主教派等。它以宽容和欣赏精神给所有国民以文化发展的权利，这是约旦拥有繁荣发展、和平稳定的文化氛围的重要原因之一，也是吸引世界各地大量游客及信徒前来旅游、交流宗教文化的主要原因。浓厚的伊斯兰文化是约旦旅游业的主要资源。因此，旅游业是约旦支柱产业之一。

一、宗教旅游资源基本特征及其旅游吸引功能

（一）宗教旅游资源基本特征

宗教旅游资源是指通过开发能够吸引旅游者的宗教文化及宗教建筑所在地的环境。宗教文化包括精湛的宗教建筑、雕塑、文化和宗教活动仪式等。

从宗教旅游资源本身的特性来看，它具有境界玄奇神秘，文化底蕴深厚，文化倾向性强三个特征：第一，宗教旅游资源最突出的特征是境界玄奇神秘，这也是与其他旅游资源不同的地方之一。宗教的本质属性在于其对超自然、超人间、超现实力量的崇拜与信仰（张如昕，1996）。从宗教教义、宗教建筑到各类宗教艺术、衣食住行、宗教用品以及异常丰富的宗教神话传说故事等都含有虚幻、想象、夸张、荒诞成分以及超现实世界的神秘感（颜亚玉，2000）。这一特征造就了宗教旅游资源具有强烈的玄奇神秘的氛围。第二，文化底蕴深厚。宗教是人类历史上一种古老而又普遍的社会文化现象，具有丰富的历史、

社会、文化、民俗等艺术底蕴。第三，文化倾向性强。文化倾向性是文化旅游资源区别于自然旅游资源的特性，所以宗教旅游资源属于文化旅游资源。

（二）宗教旅游资源的旅游吸引功能

宗教旅游资源的内涵十分丰富，对一般旅游者具有很强的吸引力。宗教文化中的很多内容体现着人类的文明，表现了民族文化的特点，凝聚着历代劳动人民的智慧，显示着各个历史时期科技和文化艺术的发展水平。宗教旅游资源吸引的对象主要由教徒和一般旅游者构成。从旅游行为定义上看，朝圣属于旅游行为的一个类型，更多的一般旅游者是出于对宗教文化、建筑的向往而进行旅游活动的（Mohammad，2010）。

二、约旦的主要宗教旅游资源

（一）宗教建筑与雕塑

（1）阿卜杜拉国王清真寺。阿卜杜拉国王清真寺是安曼最大的清真寺，位于安曼市中心，建成于1990年，也是安曼的标志性建筑之一。它的屋顶是装饰有华丽的蓝色马赛克拼镶团的圆屋顶。安曼的建筑大多都是白色的，所以阿卜杜拉国王清真寺非常醒目，因而也被称为“蓝顶寺”。寺前的一对高塔成为旅游者在安曼确定方位的坐标[①]。清真寺是伊斯兰文化的主要代表建筑，也是伊斯兰教文明的传承载体，记录着伊斯兰教文化发展的轨迹与阶段特征。

（2）卡兹尼。卡兹尼被称为“法老的宝库”，传说这里是佩特拉国王收藏财宝的地方[②]。建筑的底层是由带有罗马建筑风格的六根直径两米的大圆柱撑着前殿。两层共有九尊罗马式神像浮雕，虽残缺不全但不失神韵，更增加了岁月的神秘。在阳光的照射下，卡兹尼显得神奇又浪漫。建筑色彩斑斓，神奇绚烂，从浅红色到深红色，色彩层次分明，同时夹着黄、白、紫三色条纹，就像19世纪的英国诗人柏根描述的那样，“一座玫瑰红的城市，其历史有人类历史的一半”。

[①]初识约旦 · 约旦概况 · 约旦出游建议. 驴妈妈旅游网.http://www.docin.com/p-641598523.html.

[②]约旦古城冒险记 探秘国王的宝藏. 蚂蜂窝. http://www.mafengwo.cn/travel-news/128996.html.

（3）月神庙。月神庙供奉的是希腊神话中的月亮女神阿尔忒弥斯，她是太阳神阿波罗的双生姐妹。进入月神庙之前要登上高高的，仿佛通向穹宇的台阶，使人崇敬之感油然而生。神殿前的大理石巨柱最令人称奇，直径约2米，高度达20米，在这些叠置起来看似不可撼动的巨柱中，有一根是会摇动的。如果你拿一根汤匙插入石头基座的缝隙里，可以清楚地看到汤匙因大柱的摇晃而震动（Mohammad，2010）。你也可以把自己的手指伸入石缝里去感受这种震颤。这说明石柱和基座之间并没有采取固定措施。在这样的情况下，神殿却能历经数次地震而千年不倒，乃是奇迹。

（二）名人遗迹与文化

（1）约旦河外的伯大尼。施礼者约翰居住之地的约旦河外的伯大尼，即耶稣接受洗礼之地，目前已被证实位于约旦境内的约旦河东岸，经过科学系统的研究、挖掘和修复，已经准备接待朝圣者和游客[③]。伯大尼距离约旦首都安曼大约半小时车程，构成了耶路撒冷、约旦河和尼泊山之间的基督教朝圣者路线的主要部分。

（2）摩西升天之地尼泊山。在西方世界远近闻名的尼泊山，位于自马达巴市往北约10千米的地方。站在尼泊山被风侵蚀的悬崖上，可以眺望死海、约旦河谷、耶利哥、耶路撒冷的群山，还可以看到先知摩西当年看过却没能进入的圣地迦南。摩西是犹太人的领袖和民族英雄，被称为上帝的使者和代言人。根据《圣经》第34节记载，尼泊山是摩西生前度过最后时日的地方，并在那儿升天。摩西在伯毗珥对面的峡谷辞世，遗体也在那里火化。但是，他的陵墓至今无人知晓。尼泊山可以说是早期耶路撒冷基督教徒的朝圣地。人们为怀念摩西辞世，于公元4世纪在此修建了一座小型的教堂。这座教堂自修建以来不断得到扩建，并收藏了大量的拜占庭马赛克作品。

矗立在西面矮墙旁的钢制盘蛇杆是另一个与摩西有关的纪念物，高达七八米，这是意大利佛罗伦萨艺术家吉安尼1984年的作品，象征着摩西手持的牧羊杖（罗福源，2004）。摩西出埃及时曾高举这牧羊杖行使神迹，用它救出很多希伯来人。在这根钢制盘蛇杆旁边，还摆放着一块刻写尼泊山到中东各大圣城的直线

[③]约旦旅游局中文官方网站_中东_世界游网. http://lvyou168.cn/travel/visitjordan/Religion_Fai.

距离与方位的牌子。但是，令人惋惜的是这块迦南之地应验了耶和华的预言，在1967年“六日战争”之后，成为以色列人的占领地，今天的约旦人只能像当年即将临终的摩西，“远远地观看，却不能进去”（刘武，2009）。

（三）历史名城与古迹

（1）安曼。安曼是约旦首都，最闻名遐迩的是那里的温泉和城堡山。《圣经》把它和其周边地区称安曼王国或者Ammom。这里是《圣经》故事发生的地点。耶稣的祖先大卫就是在这里杀死那依，才得以迎娶他的遗孀。

（2）乌姆盖斯。盖达拉（现称乌姆盖斯）是一座古老的城市，从这里可以俯瞰加利利海的全景，《圣经》故事中的“低头猪罗”就发生在这里。耶稣将他偶遇的，住在城门附近坟墓里的疯子脑中的恶灵取出给了一群猪，这群猪就像发了疯一样冲下山坡全都溺死在加利利海了。乌姆盖斯有一座建于公元4世纪的教堂，布置的5条通道极其罕见。更加罕见的是，教堂直接建在一座罗马拜占庭式的陵墓之上，而且内部就可以看到陵墓。与教堂并排而立的是一座古罗马城门，城门之下的路可以通往加利利海。教堂建立在陵墓之上的不同寻常的设计格局可以充分体现拜占庭对耶稣奇迹的忠诚信仰。

（3）安加拉。位于安加拉的山上圣母教堂朝圣地是一个耶稣基督与圣母玛丽亚前往加利利海、伯大尼、底卡波利联盟城市及耶路撒冷途中经过的一个洞穴，是梵蒂冈制定的千禧朝圣地点（李萌，2003），历史悠久且吸引了来自世界各地的朝圣者及游客。

（4）幕卡威。由公元1世纪罗马犹太史学家证实幕卡威是耶稣基督时期罗马统治者希律王的宫殿和要塞。希律王子在这里的城堡内就可以远眺整个死海地区，同时也可以看到巴勒斯坦和以色列群山。希律王子就是在这里先把施洗约翰监禁，并在萨乐美致命的舞蹈之后，下令将其处死。在幕卡威的右拐角，游客可以参观当地妇女的纺织项目，学习怎样编织传统的毛毯。这个旅游商品演化来的旅游项目真正复兴了约旦传统手工工艺技术以及旅游业，并为多达14个村庄的没有稳定收入的妇女提供了就业机会。

（5）马德巴。在《圣经·旧约》中，马德巴及其周边地区经常被提到，被称作“Medeba”，相关记载还在摩西的故事、《出埃及记》、大卫和莫阿布之战、以赛亚对背叛以色列的摩押和Mesha王下达的神谕中都有这个地方的出现。马德巴在公元4世纪到7世纪之间被作为教会中心，兴盛、繁荣，在这期间创造了大量精美的拜占庭马赛克制品，而且很多经典作品都被完好地保存下来了。马德巴中很多教堂里的马赛克地板仍然能完整地在原处见到，比较珍贵且不能继续使用的就被转移到马德巴公园保存并展览。

（6）安拉萨斯。安拉萨斯于马德巴东南约30千米处，是一座长方形堡垒城市，在《圣经·新约》及《圣经·旧约》中都曾被提及。早先是罗马人在这里建筑堡垒，尽管由穆斯林统治了一百多年，其建筑的文化特征并没有被淹没覆盖，当地基督徒至今为止还用拜占庭马赛克来装饰。其中的圣斯蒂芬大教堂是在城墙之外挖掘出来的，教堂壮观，马赛克地板没有破损且保存完好，它的历史价值与收藏价值仅次于世界闻名的马德巴马赛克地图，可以认为是约旦发现的第二大马赛克制品。

（7）佩拉。艾萨克的儿子，孪生兄弟雅各一生之中的重大事件多数都发生在古代约旦佩拉。现在的佩拉（古时称“Penuel”，意为“神的面”）是雅各（Jacob）和化身为人及天使的神整个晚上摔跤之后命名而来（李萌，2003）。佩拉在约旦峡谷的北部，发现了一座铜器时代和铁器时代的巨大神庙，可以说是目前为止世界上保存最完整的，且是在古老的圣地中发现的旧约时代的庙宇。

（8）国王公路。国王公路是至今仍在使用且最为古老的交通道路。据历史考证，伊斯兰教、犹太教和基督教共同的大主教阿卜拉罕，就是通过这条道路从北向南穿越约旦，从美索不达米亚最终到达迦南。摩西也曾经向伊多姆国王请求“通过国王公路”去往迦南，但是被拒绝了。国王公路还在《创世记》中被提及，主要是关于所多玛、蛾摩拉城和其他3个平原城市北方四国王征伐的故事。

（9）佩特拉。在《圣经·旧约》中提及的佩特拉有很多不同的城市名。当地传说就在佩特拉之外的瓦迪穆萨温泉，就是摩西凿开岩石、释放泉水的地方。摩西和米丽娅姆之兄艾伦的遗体就在佩特拉的Hor山火化。为了纪念艾伦，后人修建了一座拜占庭教堂和一座伊斯兰陵墓，至今仍吸引着来自世界各地的朝圣者。

（四）自然景观

（1）死海。死海可以说因其令人震惊的自然环境和强大的宗教象征意义而家喻户晓，远近闻名，是世界上最吸引人的旅游胜地之一。死海低于海平面392米，是地表的最低点，有“地球肚脐”之称，也是世界著名的内陆咸水湖泊。整个死海南北长约82千米，东西最宽18千米，平均深度146米，最深深度395米，面积1 050平方千米。死海水中含有很多矿物质，如镁、钠、钾等，由于当地气候酷热，死海中的水分不断蒸发，矿物质沉淀下来，经年累月便成为世界上最咸的咸水（王娟和刘杨，2007）。死海水分中的含盐量比普通海水含盐量高出5～8倍，含盐量极高，导致一般的普通生物不可能在这里生存。但是对于那些不会游泳的“旱鸭子”来说确实是一个绝好的地方，在这里人的密度要比死海的密度小很多，人就可以轻易地在含有大量盐分的海水中浮起来，随意躺在水面上也不会沉下去。死海水面上总是弥漫和飘散着一层柔柔的水雾，这是因为死海地区的气候非常酷热，年平均气温都在25摄氏度左右，水的蒸发量非常大，平均每小时蒸发2.54厘米深的水，这就是产生这一奇观的原因。死海同时拥有其历史及宗教性的传奇故事。人们相信死海是《圣经》中所提及的5个城市（Sodom、Gomorrah、Admah、Zeboiim、Zoar）的所在地。死海东岸很少有人居住，格外宁静，且周边环境没有受到工业化污染（刘武，2009），同时也几乎完整地保存着古代的景观，是假日出游的绝佳去处。

（2）珊瑚岛。有人认为珊瑚岛就是《圣经》中提到的以旬迦别港，是“王道”的重点。现在岛上仅存一座12世纪撒拉丁城堡的废墟[④]，像一颗珊瑚珠镶嵌在碧蓝的海水中，神秘且明魅，吸引着来自世界各地的游客。

三、约旦宗教旅游资源开发利用措施

宗教旅游资源丰富，历史文化底蕴深厚是约旦现有的宗教旅游资源的主要

[④]亚喀巴珊瑚岛旅游介绍. 艺龙旅游指南. http://trip.elong.com/shanhu/zonghe/.

特征。纵观约旦现有的宗教旅游资源，可以确定约旦是犹太教、基督教和伊斯兰教三大宗教的发源地，是宗教圣地最集中的地方，遍布了以上三教先知、使者、圣徒的足迹。但是在这些资源的有效利用与开发上需要进一步合理整合，使其达到最优利用效率，吸引更多世界各地旅游者前来旅游，而不只是宗教人士。具体措施如下。

一是加强理论研究，在理论指导下进行开发工作，在考虑开发利用宗教旅游资源时，应首先进行系统的理论与实际情况研究，对其现有的宗教资源进行全面分析、评价，对有开发潜力的宗教旅游资源进行挖掘包装，同时要加强有宗教文化象征意义的古文物的保护。其次对宗教旅游资源方面进行详细的研究，包括对其宗教文化价值、艺术欣赏价值，还有景点景观组合特征、旅游环境容量等进行评价。同时加强旅游基础设施的建设，包括交通、通讯、接待能力等外部条件。这样才能为高效利用宗教旅游资源奠定必要的基础。

二是加大宣传力度，同时加强境外旅游优惠政策。约旦的宗教旅游资源每年都会吸引很多教徒前来朝觐。随着经济的发展，人民生活水平的不断提高，对宗教文化感兴趣的人越来越多，文化休闲度假旅游越来越受到广大游客的喜爱。以文化旅游为主题，降低旅游签证门槛，多渠道、有组织、多形式地加大对约旦的宗教文化旅游资源的宣传力度，通过自身的宗教旅游资源在国际的影响力，组织各种宗教文化学术会议，扩大文化交流，从而增进旅游者对约旦宗教旅游文化的了解。

三是完善宗教旅游的服务与管理，使其成为一个完整有效的系统工程。服务与管理工作是否完善，系统化程度高低对旅游业发展至关重要，它直接影响游客的心理，影响旅游资源和旅游服务的形象，进而影响旅游业收益。

四是针对不同的宗教文化，设计不同的特色旅游线路。本着以市场为导向的原则，深入挖掘宗教文化内涵，丰富宗教旅游产品内容。随着旅游业的深入发展，宗教旅游者的旅游动机不仅仅停留在观光层面，从朝觐的朝圣者、虔诚的信仰者到普通的观光客，他们的旅游动机是不尽相同的，宗教旅游市场已呈现景观审美、文化教育、修身养性、心灵超脱等为一体的多元化局面。然而，约旦目前单一的观光旅游产品远远不能满足多元化的宗教旅游市场需求，其旅游价值未能真正实现。针对旅游市场不同的需求特点，宗教部门、政府以及开发商应加强沟通联系，深入挖掘宗教文化内涵，开发多样化的旅游项目。

参考文献

李萌. 论宗教旅游资源的特征及开发原则[J]. 北京第二外国语学院学报, 2003:65–68.

刘武. 我在约旦的圣地之旅[J]. 世界文化, 2009 (9):42–44.

罗福源. 我国宗教旅游资源及其开发研究[J]. 社会科学家, 2004 (1):87–89.

王娟, 刘杨. 武汉宗教旅游资源开发探析[J]. 科协论坛, 2007 (5):222–223.

颜亚玉. 宗教旅游论析[J]. 厦门大学学报: 哲学社会科学版, 2000 (3):69–73.

张如昕. 约旦宗教圣地[J]. 阿拉伯世界研究, 1996 (2):43–45.

Mohammad BAMA, Som APM. An analysis of push and pull travel motivations of foreign tourists to Jordan [J]. International Journal of Business & Management, 2010 (12):41.

面向中国市场的约旦旅游发展对策

刘 欢 邓宏兵

旅游业是约旦的三大经济产业之一，也是约旦最重要的外汇来源渠道。20世纪90年代海湾危机的爆发，使得约旦的旅游业大幅度下滑。近年来，随着约旦、以色列两国关系逐步正常化，约旦的旅游业也在逐渐回归正轨。根据统计数据显示，2014年第一季度约旦的旅游业收入增长了11%，主要得益于美国、利比亚和周边的海湾国家的游客数量大幅增长，仅3月份的旅游收入就达到3.7亿美元，比2月份高出9%。这一数据表明，作为约旦外汇经济支柱的旅游业正在逐渐复苏（吕晃等，2011）。近年来，中约关系发展迅速，中约旅游、文化交流频繁。自2009年约旦政府针对中国游客开放了落地签之后，中国赴约旦旅游人数持续增长，促进了中国赴约旦旅游市场的繁荣和发展。中国是约旦在旅游上新开发的市场，随着约旦在国际上不断加强旅游产品的宣传，中国人对赴约旦旅游的兴趣也越来越大。

一、中国旅游发展现状

中国人口众多，也是世界旅游大国，无论是国内旅游还是境外旅游人数都处于世界前列。根据《中国出境旅游发展年度报告2014》的分析数据，可以看出中国已经成为世界第一大出境旅游客源市场和第一大出境旅游消费国，2014年随着旅游人数的进一步增长，这一地位得到进一步巩固。1998年中国的出境旅游人数只有843万人，到2014年突破上亿人大关，实现了10.8倍的增长。伴随中国出境旅游人数持续增长，预计到2020年，中国的出境旅游人数将达到6亿人次，经济基础的巩固使得出境旅游慢慢变成很多中国游客的刚性需求。对中国开发境外旅游市场的国家已经达到116个，在全球200多个国家中，中国游客已经可以去超过一半的国家，其中81个境外旅游目的地已经实现了免签或者落地签，并且越来越多的国家加入开放中国旅游市场的行列（何立萍，2009）。在这一背景下，中国未来的出境旅游市场必将保持持续的增长态势，且中国已经成为世界上第一大出境游的客源地，经营出境旅游业务的企业和境外旅游目的地都能在中国的境外旅游市场蓬勃发展中受益。

随着境外旅游人次的增加，中国游客的境外消费水平也在不断提升。2013年中国的境外消费已经达到1 287亿美元，且在2012年位列世界第一，超过美国、德国等发达国家。针对中国境外旅游这一巨大的消费市场，很多国家纷纷对中国游客开放优惠政策。与此同时，中国的境外旅游市场为世界旅游业的发展和境外旅游目的地的经济发展做出了巨大的贡献，其中，2013年中国境外游客为世界旅游业的发展贡献大约为19.6%。以中国赴美国出境旅游为例，2012年中国游客在美国的境外消费达到了88亿美元，在美国入境游客国家中排第六位，对美国的旅游服务贸易出口的贡献值约为5%，对服务贸易的贡献值约为1.25%。

从境外旅游市场的选择上来看，大部分中国游客一般会选择旅程距离较近的目的地作为旅游地点，在综合考虑预算有限及追求效益最大化原则下，出境旅游人数占的比例最大的国家集中在韩国、日本和东南亚一些国家。但是随着经济的进一步发展和游客观念的转变，中国出境旅游游客的足迹已经越来越远，美国、加拿大、澳大利亚等国家都实现了游客数量10%以上的增长，特别是《泰囧》这部电影在中国的风靡，使得中国赴泰国旅游的游客人数得到了大幅度增长（徐琏昱等，2009）。

二、中国旅游者赴约旦旅游的特征

《中国出境旅游年报2014—2015》在对中国出境旅游市场主要影响因素进行深入分析的基础上，对中国出境旅游发展趋势进行了分析预测，指出中国的出境旅游市场将呈现以下八个特点。第一，随着旅游潜力的不断开发，二三线城市将慢慢成为中国的出境旅游市场主力；第二，出境旅游市场开拓的主导力量将从普遍性转变成特殊性，按客户需求定制产品和产品创新将成为主流；第三，多元化、个性化的消费需求将不断增长，出境市场越来越成熟；第四，网上业务将成为境外旅游行业的竞争新热点，包括网上预订、电子商务和移动客户端的快速发展；第五，组团旅游持续增长的同时，自由行市场将不断发展，实现旅游的品质化和高端化；第六，移动互联网业务将成为出境旅游业的刚性需求和服务；第七，伴随着中国出境旅游人数不断增长和出境旅游消费水平不断提高，中国的出境旅游将进入黄金时代；第八，巨大的利益吸引，会使得越来越多的资本注入出境旅游市场，加快出境旅游市场内企业的竞争和重组。

自1977年4月中约两国正式建交以来，中约两国旅游交流日益加深，主要表现在赴约旦旅游的中国游客数量增多、消费水平提高、出行方式更加多样化。

（一）中国旅游者赴约旦旅游的个人特征

从性别上来说，目前中国赴约旦旅游的游客以男性居多，因为相对而言，男性的冒险精神较强，对人文的爱好也较女性多一些。从年龄层上来看，赴约旦的旅游者以20～40岁居多，这是因为去约旦相对于韩国、日本、法国、美国等国家，更具有挑战性，而且，约旦的交通相对不便利，很多旅游者到了约旦境内之后的其他行程，会采取徒步的方式，这对于年龄较小或者年龄过大的旅游者来说都有较大的障碍。

从赴约旦游客的职业特征上来说，大部分游客是自由职业者、摄影师或商人。约旦的自然风光和历史文化吸引了世界各地的摄影爱好者和人文爱好者，赴约旦旅游者的旅游动机主要是观光旅游和文化体验。

（二）中国旅游者赴约旦旅游的行为特征

随着人们自我实现需求和精神境界的提高，旅游者不再向往“到此一游”的观光模式，而希望得到精神上的满足，具体表现为“深度”旅游的兴起和城郊乡村旅游的兴起。赴约旦的中国游客主要目的是观光旅游和文化体验，因为约旦独特的自然景观和旅游资源对中国游客来说有极大的吸引力。

在旅游方式的选择上，自由行开始成为越来越多境外游客的选择，这样在时间上可以自由支配。特别是约旦距离中国较远，且交通通达性较差，一定程度上降低了中国团体旅游选择约旦作为目的地的热情。

约旦的旅馆收费价格相对固定，不过淡季时（冬季）饭店老板对收费可能会比较有弹性，春、秋两季是最忙碌的时候，最好能提前预定。因此在住宿选择上，很多中国旅客会选择当地的酒店，既能更好地保障人身安全，又能保证收费公开、合理。

（三）中国旅游者赴约旦旅游的时空特征

我们对旅游流的探讨主要分为时间特征、流向特征和流量三个方面，其中空间分布集中体现在流向特征上，基于此分析中国赴约旦旅游市场在时空方面的特征。

从时间上来说，每年的11月至次年的4月份是赴约旦旅游的最佳时机。从气候上来说，虽然约旦大部分地区为沙漠，河流稀少较为干燥，但是气候温和，属于典型的亚热带地中海气候。约旦的夏季炎热少雨，平均气温为26℃～33℃，最高气温能达到45℃；冬季温暖多雨，平均气温为7℃～14℃；每年11月到次年4月为雨季；5—10月热且干燥。冬季时，在一些高地上会有降雪甚至冰雹，平均气温在5℃左右，春秋会升至10℃～15℃之间。

从空间上来说，中国游客赴约旦旅游存在空间分布不均衡这一特征，中国赴约旦的目的地主要集中在安曼、伊尔比德和亚喀巴。在同一目的地，不同景点的访问人数也会有很大的差异。

三、面对中国的旅游市场开发对策

面对中国这一巨大的旅游市场，约旦也应积极采取措施，制定针对中国游客的旅游政策，开通绿色通道，扩大中国在约旦旅游市场的份额。

（一）一般对策

中国的旅游业发展有很大的“政府主导”特征，因此，促进境外旅游业的发展首先需要加强出境旅游立法体系的建立和健全，同时，应结合约旦自身旅游市场的特点，制定相关赴约旦旅游规划。

近年来，中国游客赴约旦旅游的人数逐渐增长，中国游客对于约旦旅游商品的需求也进一步增加。随着需求的增加，约旦通过分析中国游客的旅游商品需求，应逐步扩大旅游市场的商品供给。加上中国游客赴约旦总体上具有季节性、周期性和敏感性的特点，约旦更应该在市场分析的基础上，在旅游旺季加大对旅游商品的宣传，通过制定合适的市场营销战略，进一步扩大中国游客在约旦旅游的商品需求。

（二）客源选择对策

第一是市场层次划分。根据赴约旦的中国旅客的访问集中度，将市场分为一级市场和二级市场：一级市场主要包括安曼、伊尔比德和亚喀巴；二级市场包括死海、马达巴、佩特拉和杰拉什等。旅游市场的开发应该以一级市场为主，二级市场为辅，这样就能够最大限度地满足市场的需求。为了兼顾游客选择的差异性，对二级市场也应该适当开发。

第二是深入挖掘赴约旦的企业白领阶层等团体的旅游。鉴于约旦的地理位置和政治状况的特殊性，赴约旦旅游者大多是自由行者、背包客、驴友等，尚缺少以企业或者团体为单位的游客赴约旦旅游，而中国的团体旅游市场很大，且企业白领阶层的消费水平较高，接受新鲜事物的能力较强，会选择相对层次较高或者有挑战性的目的地去旅游。因此，赴约旦的团体旅游具有很大的开发潜力和开发必要性。

（三）旅游商品开发对策

第一，开发赴约旦多种“套餐式”旅游商品。在赴约旦的中国旅游者中，大部分的游客采取个人旅游的方式，只有小部分是团体旅游，同行的人主要是配偶、朋友，其次是同事、家人。根据这一特点，在中国游客赴约旦旅游的旅游产品设计上，应分别针对衣、食、住、行四个方面体现产品的个性化和差异化，进行旅游产品搭配，定制相关旅游产品套餐，满足游客的多样化需求。

第二，降低住宿成本。游客是否出行的重要衡量标准之一是能否实现利益最大化，住宿是旅游过程中衡量支出极为重要的一方面，应将其纳入旅游产品体系中，来保障中国赴约旦旅游游客的出行安全，节约出行成本。可以加强中国境外旅游企业与青年旅社等的合作，降低住宿成本，实现差额收益。

第三，将中国游客出行主要影响因素纳入考核体系。中国旅行者是否赴约旦旅游，主要考虑的因素是费用、距离、自然风景欣赏度、历史文化遗迹、政治安全等。因此，约旦在设计旅游商品时，应该在充分考虑自然风景观赏、历史文化遗迹、饮食、美食探访等因素的基础上，在每一条旅游线路、每一个旅游景点上建设有当地特色的美食店、购物场所等基础设施，以此最大程度地满足中国旅客的出行要求。

（四）时空配置对策

第一是时间配置对策。中国赴约旦旅游的游客随着季节变动较大，呈现出时间分布上不均衡的特征，游客主要集中在8月份，旅游淡季为1月份。根据这一特征，应该在淡季对旅游价格进行下调来吸引更多的游客，反之在旅游旺季应该适当增加旅游团次，推出更实惠、优质的旅游线路，或者在保障整体服务质量的前提下增加每次出团的人数。同时根据不同的季节和时间段，推出不同的精品旅游线路，提高对游客的吸引力。这样能较好地应对中国游客赴约旦时间分布不均衡这一特点，也能有效地分流客源。

第二是空间配置对策。约旦最重要的交通方式是公路交通，目前整个约旦的内部公路交通体系已经基本建成，对外公路网也已经与周边海湾国家相通。其中，约旦首都安曼与邻边各国都有旅游巴士，到达大马士革只需要4个小时，到达巴格达全程14小时，到达曼、利雅得和吉大港需要24小时即可。目前还开通了直达耶路撒冷的巴士列车和开往伊拉克、叙利亚的共乘出租车。

约旦的航空系统相对不完善，境内只有一个安曼阿利亚皇后（Queen Alia）国际机场。在铁路运输系统方面，目前只有希贾兹铁路暂时没有旅客列车。希贾兹铁路往返在大马士革和约旦首都安曼之间，频率为每周两次；安曼每次发车的时间是每周一和周四早上8点。在港口运输方面，约旦境内只有亚喀巴港作为约旦唯一的港口和进出口贸易集散中心，位于约旦南部、红海北部。港口目前有29条固定航线，能通往除了南美西部海岸和西非海岸的世界200多个港口。约旦交通总体来说较不发达，对于赴约旦的游客来说出行很不方便，这也是中国游客在选择出行地时不选择约旦的因素之一。针对中国游客赴约旦在空间上的不均衡特征，应该对热门地区和热门景区进行重点规划，将各热门旅游景点进行统一设计和串联，推出精品优质旅游线路，全面开发约旦旅游资源。

随着中国整体竞争力的提升和经济的不断发展，中国民众的消费观念和消费水平也在与时俱进。在中约建交大背景下，中国和约旦的双边友好关系进一步发展，中国赴约旦旅游市场存在极大的开发潜力，中国游客赴约旦旅游的市场将会持续增长。两国在政治、经济、文化方面的交流合作也将进一步促进双方旅游市场的发展，而旅游市场的持续增长反过来又会促进中约两国国民的相互理解，加强两国经济交流。因此，积极开发中国赴约旦旅游市场，将对中约两国经贸关系的进一步发展起到重要作用。

参考文献

何立萍. 基于中国旅游市场为导向的西澳体验式葡萄酒旅游产品开发研究[J]. 经验管理者,2014 (34): 174.

吕晃，郭又绮，冯家皓，等. 抢占中国旅游市场的先机[J]. 销售与市场，2011 (6): 34-36.

徐璡昱，刘力，吴慧. 中国的韩国旅游研究进展与展望[J]. 地理科学进展，2009 (1): 153-155.

第三篇 文化教育

约旦高等教育概述

刘世勇 白振洋 孙博文 王 瑾

约旦是一个资源比较匮乏、工农业基础比较薄弱的国家（陈妍，2010），但是约旦位于发展中国家前列，经济增长速度雄踞阿拉伯国家之首，其奥秘在于教育立国。约旦国家创始人阿卜杜拉·伊本·侯赛因认识到，要确立自己的政治统治，改变国家经济、文化发展的落后现状，就必须先从改造国民入手，对国民进行国家意识和现代文明的灌输，而这一切只有通过坚持不懈地发展教育才能实现。因此，阿卜杜拉·伊本·侯赛因在建国初期就确立了“一手抓军队，一手抓教育”的基本国策（王波，1994）。目前，约旦是中东地区教育水平较高的国家，特别是通过发展高等教育，向周边阿拉伯其他国家输出大量工程技术人员、律师、会计师、医师等高素质人才，使智力输出成为促进经济发展的战略，也促进了大学生就业。

一、高等教育发展概况

约旦的高等教育体系主要包括公立大学、私立大学和社区学院。其中，社区学院主要为学生提供专业的技能以及工作相关的培训，目前所有的社区学院均被一所公立大学托管[①]。

[①] Higher Education in Jordan. Prepared by Professor Ahmad Abu-El-Haija, Coordinator, National TEMPUS Office – Jordan.http://www.tempus.org.jo/.

1953年皇家教育委员会成立，委员会的首要任务是解决国民基本的文化教育问题。1955年《教育法案》规定义务教育实行6年制，1964年把义务教育延长至9 年。义务教育年限的延长促进了中学教育的发展，增加了对培养师资的大学教育的需求，师范学院的招生人数迅速增加。

1962年，约旦第一所公立大学——约旦大学创办。随后，雅尔穆克大学、穆塔大学、哈希姆大学、阿勒·贝塔大学、侯赛因大学、拜勒加应用大学等纷纷创建。另外，约旦科技大学是从雅尔穆克大学分离出来的，阿曼应用技术大学是从技术学院升格而来的。目前全国共有公立大学10所。1990年，第一所私立大学——安曼私立大学创建。很快，约旦应用科技大学、阿伊斯拉费城大学、约旦女子大学、苏玛雅公主大学技术学院、约旦音乐学院、阿在图那·加拉时私立大学、UNRWA学院等纷纷建立（道洛斯，2013）。对于学位授予权，约旦对私立大学和公立大学有着严格的控制：公立、私立大学均可授予学士学位；只有公立大学和一所专门培养研究生的私立大学可授予博士、硕士学位。

尽管约旦财政收入相对较少，但是约旦将高等教育事业当成一项国家优先发展事业来扶持。适龄青年高等教育入学率实现了30多年的连续增长：1975年为9.3％，1980年为21％，1990年为26％，2010年为40％。据统计，2009—2010年，大学招生人数为245 297人，占整个国民人口的4％，而在2012—2013学年，大学的在校学生人数达到了268 150人，其中本科生249 432人，硕士研究生13 988人，博士研究生2 349人，另有2 381人攻读工程硕士（表1）。具体就在校大学生数量而言，约旦以平均在校人数250 000人的数量位列阿拉伯国家第三。在国内大学生数量增长的同时，约旦还吸引了不少海外留学生。2010年约旦有约30 000名阿拉伯国家以及其他国家的留学生（Bader，2014）。

表1　约旦2008—2013年大学注册学生数

学年（年）	2008—2009	2009—2010	2010—2011	2011—2012	2012—2013
本科	219 277	225 602	222 586	245 884	249 432
硕士	13 555	14 783	13 054	12 634	13 988
工程硕士	1 727	2 550	2 357	2 648	2 381
博士	2 261	2 362	2 116	2 009	2 349

续表1

学年（年）	2008—2009	2009—2010	2010—2011	2011—2012	2012—2013
总计	236 820	245 297	240 123	263 375	268 150

数据来源：约旦高等教育和科学研究部，2014。

二、高校学生入学与就业

约旦高等教育入学采取的是申请制度，凡是拥有Tawjihi证书的学生均可按照自己的意愿申请大学，但每所大学都有自己的门槛。对于公立大学而言，一般情况下录取平均成绩要求在65分（满分100）以上，但由于公共教育资源的短缺，公立大学竞争相对比较激烈。为了满足日益增多的公立大学申请者的诉求，1990年以来约旦公立大学开始以收取高额的学费来招收一些基础相对薄弱的学生（El-Araby，2011）。约旦教育和科研部出台计划为学生提供无息贷款。2012年，约旦政府已经为新生提供了2 500万第纳尔的贷款（王昕，2012）。

约旦高中毕业生升大学的机会较多，但各校录取学生的要求不同，在一所学校内各学院之间要求也各不相同。由于高中毕业生升入高校的机会比较均等，他们便很少有“天之骄子”的优越感，他们也有毕业后从事普通工作的思想准备。这样的环境一方面为提高社会劳动力的整体素质和文化水平奠定了基础，另一方面也使这些青年学生为适应社会需要在心态上做好了准备。

由于大学毕业生国家不包分配，学生想要在毕业后就业，必须努力学习，取得优异成绩。因此培养的学生素质较高，大多数成才较早，他们往往若干年后作为智力输出到国外工作。约旦每年都要向海湾国家输出大量高素质人才，如医生、大学教师、技术人员等，他们直接体现了办学的效益，为自己的国家赢得了声誉，赚取了大量外汇，又开辟了新的工作领域，赢得了就业机会，缓和了国内日趋增长的失业率（孙维炎，1996）。

三、高校管理体制

约旦有专门的《约旦新高等教育法》促进高等教育事业的发展。高等教育法规定，高等教育的各项具体工作事宜由高等教育科研部下设的高等教育委员会和高等教育监督委员会负责。约旦的私立大学和公立大学可按照不同的法律规定运行。

公立大学执行2009年的《约旦大学法修正案》(20号法)，规定每所公立大学都设有理事会、大学委员会、院长委员会和学院委员会。理事会是学校的决策部门，大学委员会具体负责大学的工作，院长委员会负责各学院的工作，学院委员会负责各院系的工作。公立大学理事会人员由理事会主席、4名在其他大学拥有教授职位的学术成员、3名来自工业和贸易行业的成员、4名专家成员和大学校长组成，大学校长不能担任理事会主席。公立大学理事会的主席和成员由首相推荐、国家相关部门任命。校长在学校事务管理过程中，对理事会负责。大学委员会由校长和副校长，院长，每个院系1名教师代表，3名学术、技术和管理部门的主管，2名本地区社区人员，1名学生和1名毕业生组成。院长委员会由校长和副校长、各院系及组织的领导组成。学院委员会由校长、副院长、学院内学术部门领导、1名学术部门代表和校外任命的专家组成。

私立大学既执行2009年的《约旦大学法修正案》(20号法)，也适用公司法。因为私立大学可以看作是政府或私人持股的公司。私立大学最高管理机构是大学的董事会，理事会人员由董事会推荐的主席、4名由高等教育委员会挑选的在其他大学拥有教授职位的学术成员、3名董事会推荐的来自工业和贸易行业的成员、2名董事会举荐的专家成员、3名董事会成员和大学校长组成。理事会的主席和成员由高等教育委员会任命②。私立大学根据法律规定应成立大学委员会、院长委员会和学院委员会，其人员组成同公立大学。高等教育委员会对私立大学有较大的控制权，负责批准私立大学的各种学科类型和学习领域，设定入学标准，批准接受捐款、赠予和基金，通过检查预算和报告来考核

②Law NO.(20) of 2009 and Its Amendments Jordanian Universities Law.

学校的业绩表现，批准私立大学和其他大学的文化、技术合作协议，制定细致的认证标准和合格办学的规定（道洛斯等，2013）。

四、高校办学经费来源

约旦政府在教育发展的早期阶段就采取了依靠社会各界和国际组织的财力共同办学的办法，多年来已经形成了由教育部和政府其他部门、私人、志愿团体、联合国难民救济署及外国社区组织联合实施，且各有分工、各有侧重的办学格局。1987年以前高等教育都由国家提供财政资助，1987年后政府开始允许从多渠道获取办学资源，私立大学开始建立。约旦政府重视对侨民的服务，允许侨民持双重国籍，增加侨民子女进入约旦大学及学院的名额，鼓励侨民在国内投资兴建私立大学。

约旦公立大学由其校长制订独立的财政预算，由大学委员会审议通过，理事会认可，高等教育委员会批准；私立大学由其校长制订独立的财政预算，由大学委员会讨论，理事会确认，董事会认可，高等教育委员会批准。大学的财政来源有学费，动产与不动产的收益，教育咨询和科研等的收入，生产项目的收益，约旦国外的经政府同意的拨款、捐赠、遗赠收入等。

以约旦大学为例，约旦大学独立自主办学，自筹资金，实行收费制，政府的直接拨款所占的比例比较小。但是，学校的经费来源是多渠道的，除了政府拨款，主要靠社会的捐助和学校不动产出租的收入以及学生所缴的学费。一是大学税，国家规定进口税的4%，各公司所纳税的1%，房地产税的0.5%，医生、工程人员营业执照税的50%归大学所有，约占约旦大学收入的70%；二是学费，约占约旦大学收入的20%；三是各种捐款，约占约旦大学收入的10%（蔺昭仁，1987），如学校每个系都有基金会，号召学生存款，学校付利息。毕业时，存款可取走，也可捐给学校。国家免费拨给了该大学大片土地和房屋，校园占了整整一座小山丘，共15 300多亩（1亩＝666.666平方米），有大量的房屋可供出租（孙维炎，1996）。

五、国际教育交流合作

自1950年约旦高等教育开始发展之后，鼓励学生去国外深造一直是政府解决国内高水平人才不足问题的基本策略。约旦的教育政策是在充分权衡了本国在地区局势微妙位置的基础上逐步制定的。约旦所有公立学校都开设英语课程，通过市场化运作，对外树立起安全、开放的形象，吸引了大批外国留学生到约旦留学。此外，约旦高校相对廉价的收费、中立的政治立场等也深受留学生的青睐。2006年，约旦高等教育部部长提出到2020年约旦的外国留学生人数达到10万人的目标。据统计，每年约有两万名来自沙特阿拉伯、巴勒斯坦、埃及等国的学生到约旦留学。大量国外留学生不仅为约旦高等教育树立了良好的国际形象，也提升了约旦本国的教育质量。与国外著名大学开展教育合作，如联合授予学位，是约旦推进国际教育交流的另一条途径（金帷，2006）。比如，约旦亚蒙克大学和德国科特布斯工业大学联合设立了“文化遗产保护研究项目”，约旦大学共与全球30多个国家的高校签署了教育合作备忘录与互派留学生协议。

约旦积极引进高等教育发达国家教育资源来本国建立大学，带动本国高等教育的发展，培养技术人才。2004年10月，约旦高等教育科研部与德国联邦政府教育科研部就建立德约应用科技大学签署备忘录，在约旦建立一所公立大学，约德双方将努力借鉴德国经验，建立组织架构，并为大学的运作提供便利。约德双方政府和私营部门都致力于推动大学的建立，德国政府作为合作伙伴提供教学大纲，派遣机构人员，约方提供建校的合适地点及基础设施。马格德堡—斯丹达尔大学为大学的建立提供了经验、教学大纲、专业教职员工，同时鼓励德国工业部门为该校学生在德国学习期间参加实习提供便利，并致力于寻找融资渠道。大学颁发双方承认的“工学学士学位”和“硕士学位”证书[③]。2005年，德约大学动工建设，2008年开始招生。

中国与约旦1977年建交，1979年签订文化协定。中国将约旦视为在中东地区

③《德国约旦大学法》2006年33号法案（根据约旦提供阿拉伯文翻译）。

的重要合作伙伴，中国愿同约旦巩固政治互信，加强战略沟通协调，增进民间友好，拓展合作潜力与空间，开展交通、能源、信息通信、基础设施等一揽子合作，不断丰富两国关系内涵，实现互利共赢（赵明昊，2013）。30多年来，两国在政治、经济、文化等领域开展了多方位、多渠道、多层次的交流。2014年10月俞正声同志对约旦进行正式友好访问，表示中方把约旦视为中东地区的重要合作伙伴，高度重视发展对约关系。中方还愿加强两国在教育、卫生和旅游等人文领域的合作，造福两国人民。阿卜杜拉二世国王等约方领导人感谢中方长期以来对约旦的大力支持，并表示今后愿与中方在政治、经济、文化、教育等各个领域密切合作（李拯宇等，2014）。根据双方国家领导人的意见，约旦迫切希望中国能够利用本国高等教育的优势资源在约旦建立一所大学，为约旦培养高水平人才。目前，中华人民共和国教育部正委托中国地质大学（武汉）就依托该校在约旦建立具有独立法人资格的“中约大学”进行各方面的论证工作。

六、高等教育发展趋势

2006年约旦高等教育与科学研究部部长卡莱德·图康指出，约旦高等教育的总体目标是质量卓越。为了实现高等教育自然学科与人文学科的均衡发展，约旦政府采取了综合改革策略。一是鼓励学生学习科技方面的专业，从事科技研究职业，实现资金在高等教育内部的流动；二是积极与外部联系，寻求外国资助，来扶持本国新兴的科学领域以及人文社科领域的研究。同时，约旦高等教育从本国实际和国家所在区域特点出发，积极培养具有市场竞争力的毕业生。如约旦根据波斯湾沿岸国家正在逐步转换经济模式，改变依靠出售石油资源或者天然气资源为主的经济发展方式，积极发展替代性产业，培育和发展服务业的实际变化出发，在大学中增加相应的专业、学位设置（金帷，2006）。

据《约旦时报》2012年8月6日的报道，约旦高等教育与科学研究部部长瓦吉哈·奥维斯说：“减少4年制大学的入学人数，同时增加接受技术和职业教育的人数是约旦高等教育发展战略的主要目标”。奥维斯在8月5日接受采访时称，虽然约旦的就业市场已被很多拥有4年制大学学位的毕业生填满，但人们依然坚持选择上大学。然而，学生人数太多将会降低大学的学术水平，造成其他社会问题。因此，约旦高等教育战略目标之一在于减少大学新生人数，10年内将希望上大学的高中毕业生人数从95%减少到70%。约旦高等教育与科学研究部2014年的数据显示，全国10所公立大学和19所私立大学的注册入学人数约为23.6万人。约旦与其他国家的教育交流合作不断增强。据约旦科技大学发布的声明称，约旦科技大学（JUST）副校长会见了美国宾汉姆顿大学访问团，讨论促进学术合作的方式，并重点讨论了两校如何促进科研合作[④]。

参考文献

陈妍.约旦寄望中国扩大援助规模[N]. 国际商报, 2010-8-14.

道洛斯·L.贝科，等. 约旦私立高校的开端[J]. 胡建伟，译.浙江树人大学学报, 2013(3):3—5.

金帷.开放高等教育引大量留学生:约旦的强国之路[N]. 中国教育报, 2006-11-10.

李拯宇,蒋少清. 俞正声对约旦进行正式友好访问[N]. 人民日报, 2014-11-10.

蔺昭仁.驰名阿拉伯世界的约旦大学[J].教育评论, 1987(02):80.

孙维炎.访问中东高校给我们的启示[J].北京高等教育, 1996(6):36-38.

王波.教育在约旦国家建设中所起的作用[J]. 比较教育研究, 1994(5):28-33.

王昕.约旦高教与科研部部长希望减少大学注册人数[J]. 世界教育信息, 2012(10):78.

赵明昊. 李克强会见约旦国王阿卜杜拉二世时强调: 丰富中约关系内涵 拓展互利合作共赢.人民日报[N], 2013-9-19.

Bader M F. Economic Determinants of the demand for higher education in Jordan: an econometric study (1990—2010) [J]. Jordan Journal of Economic Sciences, 2014, 1(1): 66—78.

El-Araby A. A Comparative Assessment of Higher Education Financing in Six Arab Countries [J]. Prospects, 2011, 41(1): 9—21.

[④] 约旦科技大学与美国大学谈合作. http://www.mofcom.gov.cn/article/i/jyjl/k/201408/20140800711299.shtml.

约旦教育事业发展的政策、成就与经验

徐绍红 朱 峰

约旦哈西姆王国是个建国不到70年，自然资源十分匮乏的中东小国，国土面积的80%是沙漠。它既不像埃及、伊拉克等阿拉伯文明古国有着深厚的文化教育基础，也没有阿拉伯石油国滚滚而来的石油财富。建国以来，约旦审时度势，确定“教育立国”战略，把教育当作“最重要的工业”来发展，将人力资源作为“最宝贵的资源”进行开发，在不到70年间，创造了教育奇迹：截至2012年，约旦中等教育毛入学率超过90%，高等教育毛入学率接近50%，在全球范围内都位居前列[①]。

一、约旦“教育立国”的基本国策

约旦现代教育脱胎于古老、传统的私塾教育、宗教教育和宫廷教育，其基础十分薄弱。约旦哈西姆王国的前身——外约旦酋长国在1921年建国后，就把发展教育作为既定国策。1946年，作为独立国家的外约旦哈西姆王国（1950年改称“约旦哈西姆王国”）建国后，传承并弘扬了外约旦酋长国时期的既定教育政策，逐渐形成了优先发展基础教育，实施免费义务教育，加强职业教育和扫盲教育，大力发展高等教育的系列教育国策。据教育部门统计，2011—2012学年，约旦国内的学校数量为6 172所，到2012—2013学年，则达到6 355所。

[①]联合国教科文组织统计数据: http://www.uis.unesco.org/Pages/default.aspx.

（一）优先发展基础教育

约旦优先发展基础教育的政策体现在3个方面：一是优先立法保障基础教育的地位。1952年，约旦教育部颁布了第一部《普通基础教育法》，而约旦的《教育法》则在1964年才颁布实施。由此可见，约旦是把基础教育作为教育事业发展的首要任务优先加以保障。二是在经济十分困难的局面下，决心实施免费义务教育。约旦1952年颁布的《普通基础教育法》规定实施7年义务教育制，为公民提供从小学到中学的免费义务教育，旨在普及基础教育，提高学龄儿童的文化素养。三是不断延长免费义务教育年限。约旦先后于1964年、1988年分别将免费义务教育的年限延长到9年和10年（刘宝莱，2011）。

约旦的基础教育涵盖了1年的学前教育、6年的小学教育和3年的初中教育。早在1988年，约旦就将其免费义务教育的范围扩展至学前教育，充分体现了约旦政府优先发展基础教育的决心和努力。从某种意义上看，约旦政府把学前教育纳入免费义务教育的政策，对我国也具有借鉴意义（刘宝莱，2011）。

（二）加强职业教育和扫盲教育

为了适应国内外各种新兴产业对不同类型和层次的专业技术人员的需求，约旦政府从20世纪60年代起开始狠抓职业教育，建立了一批师范、工农商、护理等专业的职业培训机构。1980年以来，为了适应科技和经济发展对就业者专业知识及技能的更高要求，成立了一批大专性质、学制2～3年的社区学院，增加了一些诸如计算机、经济管理、内部装潢、医学药学等新兴专业。原有的职业培训机构在达到一定的专业标准之后，经教育部批准，也可升格为社区学院。1981年约旦有41所社区学院，1982年已增至60多所，每年毕业生达1万人，为约旦和其他阿拉伯国家的经济部门输送了大批专门人才（王波，1994）。

在发展正规教育的同时，约旦政府还采取切实措施，在成人中广泛开展扫盲教育，提高全民的文化水平。到21世纪初，约旦已形成了全国性的扫盲网络，由夜校、夏季学校和家庭教育3个部分组成。如夜校在工作之余的晚间授课，学制一般为3～4年，学完可达小学6年级的文化水平。夏季学校以一年为一个学习阶段，课程包括7年级至中学2年级的内容。家庭教育则面向那些有志于达到某一教育程度的人，这些人不必去学校上课，只需根据他们的具体情况到教育部指定的学校领取教科书，在家中自己按照教学大纲的要求学习，最后通过该校的考试即可。世界银行的统计显示，约旦国内成年人的识字率在2011年达到93%，到2012年更高达96%（唐智超，2003）。

（三）大力发展高等教育

1962年，约旦建立首个公立大学——约旦大学。约旦大学作为政府拨款的国家或地方机构，由国家或地方高等教育委员会审定学术地位和学位授予权，监督教学质量，参与其财政和决策权。此后，约旦政府制定更加开放的政策，采取多元化的发展策略，从公、私多渠道筹集资金，并积极引进发达国家的教育资源，大力发展高等教育。1987年，约旦开始允许私人兴办大学。

截至2014年，约旦建有10所公立高校，19所私立高校和3所地区高校。其中，公立高校中包括1所由德国和约旦合办的德约大学，另外有6所公立大学与英美高校建立了紧密的合作关系；私立高校中包括1所按照美国模式建立的高校。通过这些措施，约旦的高等教育得到迅猛发展，成为中东阿拉伯国家中高等教育优势较为突出的国家，吸引了一批周边国家大学生到约旦留学，仅约旦大学在2013年就有外国留学生3 000人。此外，约旦政府还积极鼓励学生出国留学，每年都有相当数量的约旦学生公费或者自费出国留学。到20世纪90年代初，约旦每年就有约2万名学生到其他国家留学。

表1 约旦2008—2013年不同类型学校在校生人数

学年（年）	2008—2009	2009—2010	2010—2011	2011—2012	2012—2013
教育部	1 131 113	1 129 448	1 143 008	1 154 880	1 173 976
其他政府办学	16 592	13 225	14 090	14 603	15 018
私立	371 758	365 905	382 867	406 327	424 999
联合国难民救济署	123 886	119 903	117 957	114 362	112 838
总计	1 643 349	1 628 481	1 657 922	1 690 172	1 726 831

资料来源：约旦高等教育和科学研究部，2014。

二、约旦教育事业取得的成就

（一）形成了较为完备的教育体系

约旦作为中东地区国力较弱的一个小国，教育事业从无到有，短短几十年间，已经形成了涵盖学前教育、小基础教育、中等教育和高等教育的较为完备的教育体系。根据国家的需要，约旦还发展了特殊教育、难民教育、师范教育、扫盲与成人教育。

约旦教育共分为3个部分：基础教育、中等教育和高等教育。其中，基础教育阶段共计10年，包括1年幼教、6年小学、3年初中。幼教属于学前的幼儿园教育。约旦教育法规定，年满3岁的儿童应该进入幼儿园接受学前教育，6～8岁儿童可入小学，小学毕业后，学生可自动升入初中。初中3年，毕业生能否升入高中由校方决定。高中阶段的中等教育，学制2年，属非义务制教育。高中毕业升入大学，需经过约旦教育部规定的全国统一考试（刘宝莱，2011）。只有在统一考试中合格的高中毕业生才可以进入到大学阶段继续深造。

（二）教育水平在中东地区名列前茅

约旦的教育水平在中东名列前茅。据统计，接受高等教育的约旦学生占同龄人（18～23岁）的34.4%，位居全世界第三。根据《联合国人类发展报告》，2000年约旦人类发展指数在全球173个国家和地区中排名第99位，其中教育指数【是联合国开发计划署发表的人类发展指数的三大成分指标之一，用成人识字率（2/3权重）及小学、中学、大学综合入学率（1/3权重）共同衡量】为0.78（唐智超，2003）。如今，这个只有650多万人口的国家，已经有了30多所高校，其国民教育水平在阿拉伯地区跃居首位。

1960年约旦15岁以上人口识字率只有30%，1996年上升到85.4%，2003年达到90.1%。约旦政府的目标是，到21世纪初识字率达到92%，这一目标已基本实现。2003年约旦15岁以上人口接受教育水平如下：文盲率为9.9%，会读写的占4.7%，初等教育水平占12.2%，学前教育占18%，基础教育水平占19%，职业教育占0.9%，中等教育占17.8%，高中文凭占8.1%，学士及以上占9.4%（唐志超，

2003）。

（三）成为中东地区重要的智力输出国

同中东地区其他国家相比，约旦是一个缺乏能源资源的国家，也没有工业基础。因此，在建国之初，约旦就把人力资源当作“最宝贵的资源”来开发，把教育当作“最重要的工业”来发展。

即使在非常困难的情况下，政府也投入大量资金办教育。1962年之前约旦还没有大学，政府送年轻人出国留学，这是约旦教育史上的第一次“走出去”。1962年，约旦建立了第一所大学——约旦大学，高素质、高学历的劳动大军，不仅促进了约旦的经济和社会发展，在国外也获得了非常可观的“人才红利”。1970年以来，海湾国家随着石油资源的开发迅猛发展，急需大量人才，约旦政府进行智力输出，把握了这个重大机遇，形成了约旦教育史上的第二次“走出去”。约旦高素质、高学历的人力资源成为海湾地区石油国家就业市场的生力军。约旦的高素质人才遍布中东国家的各个领域。大量海外就业人口所带来的侨汇收入，成为约旦经济结构的重要组成部分。可以说，虽然约旦不是石油输出国，却分享了石油国家的收益，因此被誉为“没有石油的石油国”。

（四）教育在维护社会稳定中发挥重要作用

约旦位于中东地区的中心，是联合国安全理事会非常任理事国，一直在地区事务中发挥着重要而独特的作用。在周边国家和地区局势持续动荡的环境下，约旦一直保持了社会稳定和经济发展，积极促进巴以和谈，妥善应对伊拉克、叙利亚等周边国家和地区热点问题，赢得了国际社会的尊重，这与约旦国民的受教育水平较高是密切相关的。

20世纪60年代末到90年代爆发海湾危机，大批约旦的教师、医生、新闻工作者、工程技术和管理人员在海湾产油国及其他阿拉伯国家工作，最多时达到70多万人，那时约旦每年平均可获得10多亿美元的侨汇收入。而教育对约旦社会所产生的更为深刻的影响，则表现在国民的政治文化、道德修养等方面整体素质的提高。到过约旦的外国人无不对其社会治理得井然有序、人民生活富庶稳定留下深刻的印象。约旦能够在极端不利的自然、政治环境中保持政治稳定和经济稳步发展，重视教育和人力资源的开发是一个重要原因（王波，1994）。

2007年，澳大利亚发布了首个全球和平指数报告。全球和平指数是一套用作测量指定国家或地区的和平程度的指标，指数引用联合国以及国际组织的资料，包括国家军费、国家因组织性冲突死亡人数、联合国派遣人员的数目等数据，对121个国家和地区的和平程度及生活稳定程度作出评分及排名。结果显示，约旦在全球排名中位列第63，埃及为第73，伊拉克为第121，叙利亚为第77，黎巴嫩为第114，以色列为第119（黄培昭，2008）。

三、约旦高等教育的成功经验

（一）尊师重教，重视教师在教育发展的基础地位

约旦在发展教育的过程中，一直强调师范教育以及对师资的培训和储备，大力兴办各级各类师范学校与教师培训中心，逐步提高对不同层次教师专业水平和资格要求的认证。同时，政府实施各种优惠政策稳定教师队伍，吸引优秀人才从教。为体现对教师的尊重，约旦政府规定每年10月4日为教师节，每年教师节，阿卜杜拉二世·本·侯赛因国王都会向全体教师致以节日问候。在约旦，教师的收入稳定，具有较高的社会地位，有力地保障了约旦教育事业的发展。

（二）多元筹资，保持高比例教育支出

约旦政府根据自身国情，确定了“政府大力投入、公私双管齐下、多途径兴学办教”的多元筹资体系，有效地保障了约旦的教育经费来源。

一方面，约旦政府非常重视教育投入。约旦是一个资源和财力匮乏的小国，但它却长期保持相对于其有限财力的较高比例的教育拨款。20世纪70年代中期到80年代中期的10余年间，教育支出一直维持年均国家预算10%的水平。此后，受区域大环境影响，约旦出现经济困难。在这种情况下，教育拨款比例下降，但仍保持在5%左右。这一比例仍然大大超过许多发展中国家对教育的

支出比例。另一方面，约旦充分利用私人、志愿团体、宗教机构、联合国难民救济署，以及外国的社区组织来投资兴教。据20世纪90年代初约旦教育部的统计，非政府拨款的教育投资约占教育总投资的25%。约旦政府允许私人和非政府组织创办私立大学，或者是向高等教育投资兴教，并形成了公办基础教育，公私合办高等教育的格局（王铁铮，2005）。

（三）与时俱进，不断推进教育教学改革

约旦在推进教育事业发展的过程中，高度重视教育教学理论和方法的研究及探索，不断实践、改革创新，使约旦的教育事业始终保持蓬勃的生机和活力。主要体现在以下几个方面。

一是较早探索在中等教育阶段实施分科培养。早在20世纪60年代，约旦政府就将中学分为几种不同的类型，一种是学术学校，分为文、理两科，主要适应那些有志于继续升学深造学生的需要；另一种为职业学校，设有工、农、商、护理、饭店管理等专业，为学生就业或接受更高一级的职业教育做准备。二是不断改革基础教育和中等教育体制。在20世纪80年代，约旦取消了原来的小学毕业考试，改为以学生在基础教育最后3年（8～10年级）的成绩为依据，并结合学生本人的志愿来决定他们接受什么样的中等教育，同时将中等教育的学制由3年改为2年。三是根据经济社会发展的要求不断完善课程设置和教学方法。在课程设置上，约旦先后增加了会计、计算机、人口与环境科学等方面的教育内容；在教学方法上，注重引进最新的教育学研究成果和包括电子音像设备及计算机在内的先进教学手段。约旦还十分注重教材建设，目前由教育部组织专门的班子，计划在4年之内，重新编写500种各类教科书。

在高等教育方面，约旦高等教育部部长认为，虽然生物技术、信息技术等学科成为当今世界主题，但是在历史、阿拉伯语、伊斯兰教教法等人文学科领域也要追求卓越。为了实现人文社会科学与自然科学的平衡发展，约旦采取了综合的高等教育改革政策。一方面，积极鼓励学生学习自然科学领域的相关专业，从事科学研究，实现资金在高等教育内部的流动；另一方面，积极寻求外国资助，来扶持本国新兴的科学领域以及人文社会科学领域的研究（金帷，2006）。

（四）善于借力，深化教育国际合作交流

新世纪以来，为适应高等教育国际化趋势，提升约旦本国高等教育质量，加强高校跨国之间的项目合作与交流，约旦积极借鉴吸收西方发达国家高等教育发展模式，对本国的高等教育体制进行全面的革新，以更好地促进约旦高等教育的发展，具体措施有建立高等教育质量保障与认证体系等。

2005年，约旦和德国联合举办的德约大学就是约旦高等教育国际合作的成功范例。德约大学由约旦高等教育科研部和德国联邦政府教育科研部合作建立，是根据约旦皇家法令具有独立法人资格的公立大学。该校采用“3+1”模式运作，即1～3年级在德约大学学习，4年级赴德国高校和企业实习。该校借鉴德国应用科学大学模式建立。德方任命一名代表，在大学政策制定和学术管理方面发挥主要作用。德国大学联合会，特别是马格德堡—斯丹达尔大学负责为德约大学提供经验、教学大纲和专业教师，同时，鼓励德国工业部门提供实习便利。约旦国王阿卜杜拉二世对这种双边教育合作非常满意，称赞德约大学为约旦过去10年跨国教育中最成功的项目，此项目已成为全世界范围内跨国教育的典型。此外，约旦还积极推进与其他发达国家在教育方面的交流合作，与英、美等诸多发达国家之间形成了紧密的教育合作关系。伴随我国日益步入世界舞台的中央，我国教育事业在世界上的影响力进一步提升。近年来，约旦方面高度评价我国在工程技术人才培养方面所取得的巨大成就，期待与中国开展在高等教育领域的交流合作，这对中约两国教育事业的发展而言，都将是重要的机遇。

参考文献

黄培昭.约旦纪行:文教蓬勃发展 反恐任重道远[N].人民日报，2008-7-3.

金帷.开放高等教育：约旦的强国之路[N].中国教育报，2006-11-10(006).

刘宝莱.中国驻中东大使话中东·约旦[M].北京:世界知识出版社，2011.

唐志超.列国志·约旦[M].北京:社会科学文献出版社，2003.

王铁铮.中东国家通史·约旦卷[M].北京:商务印书馆，2005.

王波.教育在约旦国家建设中所起的作用[J].比较教育研究，1994 (5):28—33.

约旦政治经济环境对中约高等教育合作的影响

姜 伟 徐绍红

随着综合国力的日益增强，中国高等教育的质量及国际影响力正稳步提升。在继续加强优质资源引进的同时，也迫切地希望走出国门，实现“引进来”与“走出去”相结合，为建设人才强国打下坚实的基础。2013年习近平主席提出的“一带一路”战略构想，为高等教育“走出去”提供了契机。中东地区自古以来就是联系东、西方的枢纽地带，目前更发展成为全球最为重要的能源输出中心及地缘战略要地。中国高等教育国际合作可以此为突破口，通过加强与中东地区的合作，进一步提高国际影响力。而约旦作为当前政局相对稳定、外交相对独立的中东世俗伊斯兰国家，与中国的关系目前正处于历史最好的时期，两国在经济、教育、文化等各个领域的友好合作在不断向前推进。将约旦作为合作的对象国不失为一个稳妥的选择。

加强中约高等教育合作的优势在于：一是有利于科技和文化的交流，增强中国的软实力影响；二是有利于为中约、中阿的政治经济合作培养更多高层次人才；三是相对于单纯的政治或经济合作，高等教育合作能够被对象国更好地理解和接受。因此，中国加强与约旦的高等教育合作，不仅有利于加强对外“民心相通”的“一带一路”战略，而且也是中国人才强国战略和全球战略布局的需要。当然，中国高等教育国际化还处于探索阶段，其“走出去”战略更是如此。对于我们尚不熟悉的约旦，在开展高等教育合作之前有必要做大量的调查和研究工作，其中，分析其政治经济环境对合作的影响显得尤为重要。

一、约旦总体政治经济环境

约旦地处阿拉伯半岛西北部，濒临红海，与沙特阿拉伯、以色列、巴勒斯坦、伊拉克和叙利亚为邻。国土面积8.9万平方千米，人口645.9万人，GDP及人均GDP世界排名为第97位和第91位（2013年）[①]。约旦为君主立宪制国家，政权掌握在以国王为首的哈希姆家族王室手中。约旦同时也是伊斯兰国家，以伊斯兰教为国教，穆斯林占94%，属逊尼派（刘宝莱，2014）。

约旦国土面积的80%以上为沙漠，土地贫瘠、资源匮乏，经济基础十分薄弱。因此，与其他中东国家相比，约旦既不能像拥有丰富油气资源的海湾国家那样，凭借雄厚的石油美元作后盾，通过源源不断的大量投资，实现以石油经济为主导的工农业的全面发展，也不像诸如埃及、土耳其和伊朗等国那样具备一定的工业基础，能够依靠原有的工业基础，采取比较宏观的工业化政策来带动农业的迅速发展。约旦贫穷落后的工农业基础极其薄弱的现实，决定了约旦社会经济的发展必须选择一条符合本国具体国情的特殊发展道路（王铁铮，2005）。

从地区层面和国际层面来看，约旦的周边环境复杂多变，处于全球最不稳定的地区——中东，政治、经济受周边影响比较大。作为小国，约旦审时度势，坚持奉行中立、不结盟的外交政策，将“平衡外交”作为国家生存和发展的法则。因此，它既积极参与并推进了中东和平进程，又适时强化了与以美国为首的西方国家间的战略合作伙伴关系，还继续发展同中国、俄罗斯等国家的关系；不仅继续保持与阿拉伯国家的良好关系，还灵活地处理了与以色列的关系，创造了相对宽松的国际环境。

二、约旦政治经济环境对于中约高等教育合作的有利因素

（一）约旦国内政局相对稳定

约旦深处中东这个全球冲突最为激烈的地区，同时也受到西亚北非地区局

①世界银行网站数据库统计: http://data.worldbank.org/.

势动荡的影响，一度让国际社会担心它会发生像突尼斯、埃及一样的政治动荡。但约旦的君主立宪政体在中东国家当中却是相对稳定的，在长达80年的君主统治中，虽经历过危机，却总是危而不倒。它的稳定性是有其特殊政治历史原因的。

（1）具备“天然的合法性”的统治家族。约旦全称为约旦哈希姆王国，国王所属的哈希姆家族是伊斯兰教先知穆罕默德的后裔，一直都有中东“第一王室”和伊斯兰“圣裔”之称。1921年外约旦酋长国建国以来，哈西姆家族与约旦国家实际已融为一体，从政治来说具备“天然的合法性”。因此，与突尼斯和埃及民众对作为最高统治者的总统和政府“全盘否定”式的示威抗议不同，约旦示威者在抗议政府的同时还高举着国王的画像以示效忠（陈双庆，2011）。

（2）国王牢牢掌控军队这个国家机器。约旦10万军队官兵全部是约旦统治家族哈希姆家族的贝都因人。从历史上历次约旦王权统治受到威胁而又最终解决的经验来看，无不是依靠了军队这个忠诚于王权的国家机器来稳定局势。

（3）拥有独特而相对稳定的政治体制。约旦历史上也经历了多次政治民主化改革，但每一步改革的迈出，都被严格限定在国王划定的范围之内，并且无一不是以维护王权统治为前提而进行的。主要原因在于约旦实行着相对稳定的二元君主立宪制，国王统领军队，有权任免首相和内阁大臣，指定议员及解散议会，一直是国家权力结构的核心，在约旦拥有至高无上的地位。

（二）约旦在经济发展上持积极、开放、合作的态度

尽管约旦资源匮乏，自然条件差，但在发展国家经济、改善人民福利方面所做的努力是举世公认的。约旦在经济上先天的弱势使得它不得不另辟蹊径，开拓经济社会发展的有效新途径。在长期的摸索当中，约旦确立了经济开放和贸易自由化政策，积极吸引外资和引进先进技术，鼓励私人企业发展。从2010年到2013年，在中东局势持续动荡的情况下，约旦人均GDP依然实现了19.3%的增长。近年来，随着中约关系的深化，中国与约旦两国双边贸易量逐年稳步增加，双边贸易额从2007年的11.8亿美元跃升至2012年的32.6亿美元，年均增长率为4.16%。目前，中国是约旦除了原油产品以外第一大进口来源国（中国出口信用保险公司，2014）。

（三）约旦所在的中东地区与中国互动日益频繁

随着中国综合国力的持续增强，在许多阿拉伯国家的眼里，中国不仅可以在经济上对该地区提供必要的经济援助和帮扶，在政治上也可以成为平衡美欧影响的重要力量。中国和阿拉伯国家有长久的友好交往史，中东地区作为“一带一路”战略的重要布局地区，中国必然会进一步加强对其的关注，与其开展实质合作。目前，中国是至少9个阿拉伯国家的最大贸易伙伴、整个阿拉伯地区的第二大贸易伙伴。中东地区是中国最大的原油供应地、中国的第七大贸易伙伴，也是中国重要的工程承包及海外投资市场。另外，中阿高等教育合作也取得了很大的进展。“中阿大学校长论坛”已经举办了两届，双方大学共签署了170多份合作协议，内容涉及校际互访、学术交流、互派留学、学分互认等多方面（潘雅，2013）。

（四）约旦有重视高等教育的历史传统和有效政策

为了在自身条件十分不利的基础上发展经济，约旦历来都十分重视教育的发展。可以说，教育在约旦整个国家享有绝对的优先权，每年约旦政府都会投入大量的经费用来发展教育，教育经费占 GDP 比例之高在阿拉伯国家中是独一无二的。而全部教育经费中的1/3是用于发展高等教育的。据统计，约旦每年投资 7 300 万美元用于国内公立大学的发展（金帷，2006）。约旦接收高等教育的学生占同龄人（18～23岁）的34.4%，居世界第三位（刘宝莱，2014）。

（五）约旦政府对于高等教育国际合作持开放和支持的态度

约旦是中东地区的教育中心之一，现有10所公立大学、19所私立大学和3所地区大学。其中，公立大学中包括1所由德国和约旦合办的德约大学。此外，约旦还引进建立了1所美国模式的私立大学。约旦高等教育政策较为开放，已成为中东国家重要的留学目的国，约旦希望到2020年，外国留学生人数可以达到20万人（金帷，2006）。到目前为止，中国在约旦也已建立了两所孔子学院，为中约两国人民的交流合作发挥了重要作用。

三、约旦政治经济环境对于中约高等教育合作的不利因素

（一）王权弊端隐现，依然存在政局动荡风险

2011年开始的西亚北非地区局势动荡，使约旦局势不可避免地受到了一定的冲击。从约旦国内来看，它和埃及、突尼斯、利比亚、也门等国家相似——国家权力掌握在家族内部，失业率高等。西亚北非地区局势动荡在一定程度上让约旦政治结构面临前所未有的挑战。在接连不断的示威浪潮冲击下，约旦的政治、经济和社会的种种弊端及问题已暴露无遗，其世代传承的王权基础受到史无前例的冲击。能否尽快推行必要的政治、经济改革，并最大限度地满足各方面，特别是普通百姓的诉求，仍将是约旦能否实现稳定的关键（陈双庆，2011）。

（二）经济低迷，发展迟缓，对外依赖性强

约旦没有充足的劳动力资源，更没有像沙特阿拉伯王国（以下简称沙特）等海湾国家那样拥有丰富的石油和能源储备。因其过分依赖外援和外资，被喻为“借贷经济”，即其收入主要依靠沙特等海湾产油国的外资流入、侨汇和每年数亿美元的外援。长期以来，约旦政府利用外援来补贴民众、支付养老金和退休金，维持国家庞大福利体系的运转。然而，近几年因受全球金融危机的冲击，特别是油价下跌及海湾国家实施紧缩政策的影响，外国在约旦的石油资本大量回流，致使约旦所依赖的外部收入大幅度减少（陈双庆，2011）。

（三）地缘环境特殊，地区冲突阴影不散

在中东地缘政治版图上，约旦曾是阿拉伯世界与以色列军事对抗的前线，如今又身处中东反恐战争的最前沿。在约旦周边，以伊拉克和叙利亚为中心，从两河流域到阿拉伯半岛，从黎凡特地区到西奈半岛，从西亚到马格里布，恐怖主义四处扩散，已对地区安全构成重大威胁。现今恐怖主义威胁已是中东历史上最严重的时期（唐志超，2014）。2003年伊拉克战争后，伊拉克和叙利亚成为中东恐怖主义大本营和策源地。2015年初，约旦因为飞行员被IS杀死事件，与IS的矛盾加剧，约旦直接介入战争及受到恐怖威胁的危险性将增加。

四、约旦政治经济环境影响下的中约高等教育合作前景分析及建议

（一）中约高等教育合作意义重大，应把握机遇

阿拉伯世界人口众多，历史文明悠久，向来是全球战略博弈的关键地区之一。中国与阿拉伯国家之间的友谊源远流长，相互合作愿望强烈，如果能够与约旦开展高等教育合作甚至在约旦建立大学等科研机构，系统推广中国教育模式和理念，对于全面拓展中阿关系，增强中国对该地区的影响力具有十分重要的战略意义。

约旦作为资源相对贫乏的发展中国家，产业结构比较单一，基础设施建设任务繁重。加之约旦高等教育培养的工程技术人才稀缺，急需能源工程、通信和计算机等领域的工程技术人才。中国不仅在这些领域已经取得了令人瞩目的成就，而且在涉及这些领域的高等教育研究方面也已经建立起较为成熟的体系。在中约高等教育合作中，中国可以发挥在工程技术领域的人才培养优势。目前正值"一带一路"战略规划期，提出并实施中约高等教育合作，对中国来说，是一个难得的战略机遇，应尽早谋划。

（二）中约高等教育合作面临各种风险，应做好充分准备

基于约旦特殊的地缘政治经济环境，中约高等教育合作不可能是一帆风顺的，必定会面临各种各样的考验和困难，这就需要我们做好充分的准备。

（1）做好规划和战略部署。统一协调外交、商务、文化、教育等部门力量，形成支持和推动境外办学的合力。国家有关部门加强对境外办学的统一管理，制订详细规划，推动战略部署和实施。

（2）做好实地调查和研究。通过实地调查和大量的研究，了解约旦的政治、经济、文化、外交、教育、法律等各领域的基本情况，全方位考察中约高等教育合作的有利条件和不利因素，为高等教育合作准备大量的第一手资料，为可能带来的风险做好全方位的预防措施。

（3）建立综合保障机制。成立包括教育主管部门、其他相关行政部门、

高校、企业、使领馆（大使馆、领事馆）等各部门机构人员参与的领导小组，合理分工，确定责任分担；邀请语言专家、国际政治专家、法律专家等专业人士参与其中，为中约高等教育合作提供切实有效的综合保障。

（三）中约高等教育合作应有的放矢，稳步推进

中约高等教育合作应明确合作的形式、内容，清楚合作的意义和利益所在，将无偿援助与寻求长远效益相结合，坚持政府援助和市场服务两条腿走路，充分调动相关高校、企业和社会的积极性。

中约高等教育合作是中阿高等教育合作及中阿关系的桥梁，是“一带一路”战略的具体举措，同时也是扩大中国影响力的重要一环。应力争建成相对稳定的高等教育合作基地，发挥长远效益。但具体实施不宜操之过急，而应在制订详细的规划后分阶段实施，稳步推进，并实时监控，随时调整。

参考文献

陈双庆. 约旦动荡局势评析[J].国际资料信息, 2011,4:1—4 .

金帷. 开放高等教育: 约旦的强国之路[N]. 中国教育报, 2006−11−10(006).

刘宝莱. 中国驻中东大使话中东——约旦[M]. 北京：世界知识出版社, 2014.

潘雅. 第二届中阿大学校长论坛在宁夏举行[J]. 世界教育信息，2013, 19:79.

唐志超. 美或在伊拉克打“新反恐战”[N]. 环球时报, 2014−6−14.

王铁铮. 中东国家通史——约旦卷[M]. 上海：商务印书馆, 2005.

中国出口信用保险公司. 国家风险分析报告2013版——约旦[N]. 中国纺织报. 2014−09−03.

约旦公立大学概况及其主要特征

杜海坤

约旦从建国时开始就把教育当作“最重要的工业”来发展，把人力资源作为“最宝贵的资源”加以开发。通过对公立大学的超常投资，在较短时间内建立起完备的现代公立大学教育体系（王波，1994）。约旦公立大学兴起于侯赛因国王时期。1953年侯赛因国王创设了皇家教育委员会，致力于推动国民文化教育的发展。1955 年在国王推动下，约旦颁布了《教育法案》(20号法)，极大地推动了义务教育和中学教育的发展，间接导致了对师资的大量需求。因此，到 1976 年约旦师范学院的招生规模快速扩大。接下来的10年间，约旦高等教育迎来了黄金10年。《约旦大学法案》(29 号法)于1987 年颁布，它推动了约旦公立大学的建立和发展。1962 年，第一所公立大学——约旦大学（The University of Jordan）创建;1976年，雅尔穆克大学（Yarmouk University）建立；1986 年，穆塔大学（Mutah University）创建；1995 年，哈希姆大学（The Hashemite University）和阿勒·贝塔大学（AL al-Bayt University）创建。另外，在 20世纪80 年代约旦北部政治动荡时期，雅尔穆克大学一分为二，成立了约旦科技大学（Jordan University of Science & Technology)。20世纪90年代以后，巴尔卡应用大学（AL-Balqa Applied University）、侯赛因国王大学（AL-Hussein Bin Talal University）、塔菲亚技术学院（Tafila Technical University）相继创立。2005年由德国与约旦政府联合共建的德约大学（German Jordanian University）建立（表1）。

表1 约旦公立大学简表

约旦公立大学	英文名称	大学网站
约旦大学	The University of Jordan	www.ju.edu.jo
雅尔穆克大学	Yarmouk University	www.yu.edu.jo
穆塔大学	Mutah University	www.mutah.edu.jo
约旦科技大学	Jordan University of Science & Technology	www.just.edu.jo
哈希姆大学	The Hashemite University	www.hu.edu.jo
阿勒·贝塔大学	AL al-Bayt University	www.aabu.edu.jo
巴尔卡应用大学	AL-Balqa Applied University	www.bau.edu.jo
侯赛因国王大学	AL-Hussein Bin Talal University	www.ahu.edu.jo
塔菲亚技术大学	Tafila Technical University	www.ttu.edu.jo
德约大学	German Jordanian University	www.gju.edu.jo

资料来源：约旦高等教育和科技部网站.http://www.mohe.gov.jo/UniversitiesE.

不仅如此，《约旦大学法案》(29 号法)使公立大学进入快速发展时期。约旦每年的教育经费占GDP的比例逐年攀升，其对教育的重视在阿拉伯国家中也是名列前茅的。其中，教育拨款的1/3用于发展高等教育。在约旦，教育国际化程度比其他中东国家要高，所有的公立学校都开设英语授课课程。同时，约旦的高等教育通过一系列国际化举措，逐渐树立起开放、国际化的新形象，吸引了中东地区的大批外国留学生。此外，约旦公立大学所倡导的宗教信仰、中立的政治立场等也深受中东地区留学生的青睐。据约旦教育部门统计，每年约有数万名来自中东国家，例如沙特、埃及、也门、伊拉克等国学生到约旦留学。

一、约旦公立大学概况

（一）约旦大学(The University of Jordan)

约旦大学（The University of Jordan ）简称“UJ”，是约旦历史最悠久的大学，建立于 1962 年，当时只有162名学生， 现已发展到18个学院，34 000名学生。约旦大学是约旦首屈一指的公立大学，在中东地区也享誉盛名。约旦大学学生人数约34 000人，近年来国际学生数量呈现稳定的增长，全校约有12%是外籍学生。约旦大学设有18个学院，开设3 000多门专业课程，涵盖基础科学、人文艺术、现代企业管理、伊斯兰研究、护理医学、教育科学、工程技术等。约旦大学还提供近百个博士课程和硕士课程。约旦大学的国际化程度也较高，它提供130个国际大学本科交换课程，以及60多个国际研究生联合培养课程。约旦大学有两个校区，其中一个校区坐落于美丽的海滨城市亚喀巴（约旦大学亚喀巴分校）。2012—2013学年，约旦大学的注册学生达到37 980人，为在校学生最多的大学。目前，约旦大学与我国的中山大学和中国地质大学（武汉）签署了合作协议或谅解备忘录[1]。

（二）雅尔穆克大学 (Yarmouk University)

雅尔穆克大学成立于1976年。至今雅尔穆克大学已经发展成为约旦最大的知名大学之一。2012—2013学年，雅尔穆克大学有35 029名学生、936位教师和1 740名管理技术人员。目前大学有13个院系、11个研究和事业发展中心，有56个学士学位、63个硕士学位和19个博士学位授予权。

雅尔穆克大学致力于人文社科和工程机械教育研究均衡发展，目前专业学科领域包括基础科学、人文艺术、教育科学、工程技术、经济与企业管理、信息技术、伊斯兰研究、法律、医学、考古与人类学、新闻传媒等。近年来，雅尔穆克大学通过与工业企业、非政府组织和国外机构的合作，全面培养学生的

[1]约旦大学网址.http://www.ju.edu.jo.

专业技能和综合素养，毕业生受到了用人单位的欢迎[②]。

（三）穆塔大学（Mutah University）

穆塔大学位于约旦的卡拉克省，创立于1981年，至今已成为约旦国内重要的军事和国民高等学府。目前穆塔大学有14个院系和7个研究中心，包括农业系、教育系、工程技术系、基础科学系、艺术系、工商管理系、伊斯兰教法系、法律系、体育系、医学教育系、护理学院、制药学院和研究生院等。大学日常事务由理事会决定，理事会有12位成员，负责制定学校发展规划和决策办学重大事项。

穆塔大学制定了清晰的战略发展规划，提出兴办高水平教育，营造良好的学术、科学研究和文化氛围，打造透明和责任人制的大学管理体制，加强与工业界联系合作，实施互联网学习E-learning计划，促进学生人文和科学综合性发展，培养国内外人才市场需要的人才，推动科学研究具有国际水准等十大发展目标。为了实现这些目标，穆塔大学较早制定了高等教育质量保障条例，从学科发展、教师培训和课程建设等多方面保障教育质量[③]。

（四）约旦科技大学（Jordan University of Science & Technology）

约旦科技大学是一所位于约旦北部伊尔比德省的综合性大学，距离约旦首都安曼约70千米。约旦科技大学成立于1986年，致力于培养约旦和中东地区的行业卓越人才。自成立起，约旦科技大学就因拥有敬业的师资、多学科教育体系和多元化学生在中东地区享有盛誉，它的统计学、经济学和社会研究中心在伊斯兰地区位居前列，是约旦和中东地区领先的教育和研究中心。目前，约旦科技大学有800名全职教师，20 000名本科生和1 800名硕士生，5 000名来自60个国家多元化背景的外国留学生。大学提供宽口径的学士和硕士学位，目前有12个院系，包括医药、工程、科学与艺术、药科、牙医、农业、兽医、建筑、信息技术、应用科学、护理学院和研究生院，下辖55个系提供42个学士学

[②]雅尔穆克大学网址. http://www.yu.edu.jo

[③]穆塔大学网址. http://www.mutah.edu.jo

位和95个硕士学位项目。这些项目确保学生们能掌握最新的科学知识和技术。另外，约旦科技大学将国际化战略、研发先进技术、强调教育治理管理，打造"绿色"和"精巧"校园作为战略发展目标。目前，约旦科技大学努力与世界范围的知名大学和非政府组织建立合作关系，已和18所美国大学、22所阿拉伯大学、21所欧洲大学、7所加拿大大学和2所澳大利亚大学建立了长期合作关系。该校与中国地质大学（武汉）也已经建立了友好合作关系。

（五）哈希姆大学（The Hashemite University）

哈希姆大学位于约旦的扎尔喀省，是一所全国性综合性大学，也是约旦占地面积最大的大学。哈希姆大学成立于1991年，1995年正式开始招生，该大学日常事务由皇家委员会和7名专家学者组成理事会负责。哈希姆大学追求成为一所教学和科研卓越的大学，致力于为本地社区提供科教和咨询服务。哈希姆大学包括艺术、科学、教育科学、医学护理、工程、文学、自然资源与环境、旅游和自然遗产等学院。目前有在校生约28 000名[④]。

（六）阿勒·贝塔大学（AL al-Bayt University）

阿勒·贝塔大学创立于1994年，于1995年正式开始招生。阿勒·贝塔大学距离约旦首都安曼北部69千米，是一所以促进科学、文化和技术发展的应用技术大学，同时还致力于在伊斯兰价值领域培养负责任的公民，目前有在校学生15 000人[⑤]。

（七）巴尔卡应用大学（AL-Balqa Applied University）

巴尔卡应用大学创立于1997年，是一所政府支持的综合性大学，由几所学院合并而成，可以授予学士和应用教育副学位。目前有47 500名在校学生，其中有32 000名学生攻读学士学位，15 500名学生攻读副学士学位，所有在校生分布在工程、信息技术、应用科学、人文科学、规划管理、农业、建筑艺术7

[④]哈希姆大学网址. http://www.hu.edu.jo.

[⑤]阿勒·贝塔大学. http://www.aabu.edu.jo.

个学院[6]。

（八）侯赛因国王大学（AL–Hussein Bin Talal University）

侯赛因国王大学创建于1999年，是一所由政府支持的公立大学，距离首都安曼210千米。经过这些年的发展，侯赛因国王大学已经发展为有8个学院的综合性大学，包括自然和环境科学、商业、护理、教育、人文、计算机工程学院，另外还有9个科研中心。2011年，侯赛因国王大学被批准授予教育领域的硕士学位，以满足本地公立学校的师资需求[7]。

（九）塔菲亚技术大学（Tafila Technical University）

塔菲亚技术大学是一所政府资助的公立大学，成立于2005年。该校由艺术学院、工程学院、科学学院、商业学院、教育科学学院和社区技术学院组成，另外还有计算机信息技术中心、国家页岩气研究中心等6个中心。目前在校学生有6 500名[8]。

（十）德约大学（German Jordanian University）

德约大学创建于2005年，是一所公立的综合性大学，位于约旦首都安曼以南20千米处的小城马代巴，是于2005年由德国与约旦政府通过签署合作协议联合创建的公立大学，由德国联邦政府旗下的德国学术交流服务中心支持。德约大学充分借鉴了德国应用科学大学的模式，与工业界建立了良好的合作关系，并倡导国际化教育，致力于培养具有国际视野的应用技术人才。目前德约大学拥有约600名教师和行政管理人员，在校生约4 000人就读于17个本科学士学位项目和11个硕士学位项目。专业设置包括工程、医学、建筑技术与环境、计算机工程与信息技术、自然资源工程与管理、物流管理等，主要用德语、英语和阿拉伯语授课。德约大学在德国共有90个合作大学，所有本科生必须在德国学

---

[6]巴尔卡应用大学网址. http://www.bau.edu.jo.

[7]侯赛因国王大学网址. http://www.ahu.edu.jo.

[8]塔菲亚技术大学网址. http://www.ttu.edu.jo.

习一年，并在德国合作学校学习一学期，还要在德国产业部门实习20周。未来德约大学将开发综合硕士学位教育体系，完善开放式教育体系。

二、约旦公立大学的主要特征

（一）重视建设现代化管理制度

根据约旦高等教育法法律规定，约旦的公立大学普遍实行民主决策与管理，由校长、各院院长、教授专家以及在校学生代表组成校委员会（又称大学议会），校长主持委员会工作，定期召开会议，讨论人事、教学及预算等涉及大学战略发展的重大问题。每所公立大学都由校委员会负责大学日常管理工作，而各学院的院长委员会则负责各学院的工作，系委员会负责各系的工作，系委员会由该系的教师组成。约旦的每所公立大学都有特定的师资管理规定，解决诸如学术自由的问题。约旦公立大学的经费来源主要有：①大学税，由约旦的工商业税收组成，占约旦大学收入的70%；②学费，每个自费学生每年缴学费约600第纳尔(约合人民币4 200元)不等， 占约旦大学收入的20%；③社会捐赠，约占约旦大学收入的10%。

（二）实施国际化战略

约旦极其重视高等教育的国际化发展。如约旦高等教育部长卡莱德·图康所说，到 2020 年，约旦的外国留学生规模预计近 10 万人。为了实现这一目标，约旦在新千年初即开始推动约旦10 所公立大学和 19 所私立大学的学科、师资队伍和科研项目的国际交流与合作。约旦政府认为，要实现公立大学的国际化目标应主要从以下3条途径着手：第一，创立一批私立大学，通过更加灵活的市场化、国际化策略吸引更多外国留学生；第二，设立约旦公立大学短期交流项目，吸引西方国家的外国学生来约旦访学，了解约旦和中东地区的阿拉伯文化；第三，通过与西方一些世界著名大学间的合作，以联合培养、合作办学等多样化的形式吸引外国留学生（金帷，2006）。近年来，约旦公立大学与马里兰大学（美国）、麦考瑞大学（澳大利亚）、苏黎世应用科技大学（瑞士）等多所世界知名大学签订合作协议。约旦亚蒙克大学还与德国科特布斯工业大学联合设立了“文化遗产保护研究项目”，并由瑞典皇家理工学院和约旦大学科技学院联合授予了研究可再生能源的硕士学位项目。

三、约旦公立大学中存在的问题

约旦公立大学在取得快速发展的同时，也暴露出一些问题。有些公立大学教育的改革措施并不能完全得到很好的落实，相比中东地区的一流大学，约旦公立大学的基础科学研究仍然薄弱，科研经费十分缺乏，师资队伍建设与中国的大学相比仍然存在较大差距。我们观察认为，在约旦社会背景下，约旦公立大学中根深蒂固的问题严重制约其改革措施的落实。例如，约旦公立大学在新生录取中采取配额制，导致大学招生中出现了一些“特殊群体”，表现在与约旦王室有关联的学生、具有某些特权的学生在大学录取中享有一定的优先权。这种招生上的不公平不但降低了约旦国内大学生的整体质量，还带来了教育不平等的问题。加之大学教师的聘任在很大程度上仍然受到族群和裙带关系的影响，导致了约旦公立大学教师整体质量不高。

参考文献

金帷.开放高等教育：约旦的强国之路[N].中国教育报，2006-11-10.

王波.教育在约旦国家建设中所起的作用[J].比较教育研究，1994，5:28-33.

第四篇　对外关系

21世纪中约经贸关系：背景·现状·前景

郭关玉

1977年中国和约旦正式建交，随后两国经贸关系获得较快发展。1978年3月中国在安曼建立了商务处，1983年9月与约旦签订《关于成立中国—约旦经济、贸易和技术合作混合委员会的协定》。随后，中约经济、贸易和技术合作混合委员会（简称中约混委会）于1985年、1991年和1996年召开3次会议，商讨两国经贸合作具体事宜。

在两国政府的重视和支持下，中约贸易增长迅速。1980年，两国贸易额为4 204万美元；1987年实现翻一番目标，达到9 032万美元，1993年则突破1亿美元大关，达到11 712万美元。截至1999年，中约贸易额已达到18 026万美元[①]。

与此同时，从1980年开始，中国开始在约旦承包工程。1999年，中国在约旦承包工程完成营业额已达1 140万美元[②]。从1986年起，中国开始与约旦进行劳务合作，中国工人开始参与到约旦修建公路、铺设输电线路等项目中。

如果说20世纪最后20多年是中约经贸关系的起步阶段，那么，21世纪前14年则为中约经贸关系的快速发展阶段。

[①] http://news.xinhuanet.com/zhengfu/20010522/581406.htm.

[②] http://data.stats.gov.cn/workspace/index?m=hgnd, 2015-3-8.

一、中约经贸关系发展的背景

21世纪中约经贸关系的快速发展，既受中阿整体关系发展之推动，也受中约经济互补之推动，还受中约关系全面发展之推动。

（一）中阿整体关系发展促进了中约经贸关系发展

“9·11”事件后，美国在反恐旗号下开始了新一轮扩张。伊拉克战争、伊朗核问题、叙利亚问题等使原本紧张的中东局势更趋紧张和复杂。中国向来主张世界文明多样化，在谴责一切形式的恐怖主义的同时，强调“反对将恐怖主义与特定民族宗教挂钩”。在美国以文明划线界定敌友关系时，中国响亮提出了“和谐世界”的建设目标。“和谐世界”强调持久和平、共同繁荣，各文明间和平共处、相互促进，以最终实现“各美其美、美人之美、美美与共、天下大同”的目标。在此背景下，阿拉伯国家作为一个集体，积极主张同中国深化合作。2000年3月，阿盟（阿拉伯国家联盟）外长理事会正式提出成立“中阿合作论坛”的建议。

而进入21世纪的中国，正朝着全面建设小康社会，抓住“战略机遇期”，使国内生产总值到2020年比2000年翻两番，实现中华民族伟大复兴的目标进发。在此背景下，中国外交的目标是持续争取一个长期稳定和平的国际环境，为实现以上目标服务。中国采取“大国是首要、周边是关键、发展中国家是基础”的全方位外交布局。而周边外交中所说的“周边”，并非仅指与我国接壤的近邻国家，而是“既包括与中国直接相邻的国家，也包括那些虽然不直接接壤却与中国有重大利益关系的国家或力量，它们可为中国周边的延伸”[③]。此外，进入21世纪，中国在深入开展双边外交时，也开始重视多边外交，将多边外交作为实现国家利益的重要外交舞台。阿盟属于我国的大周边，又是重要的多边外交舞台，故中国亦非常重视与阿盟的合作。

在中阿双方的推动下，2004年中国与包括约旦在内的22个阿拉伯国家成立

[③]http://www. fyjs.cn/bbs/simple/index.php?ts0530.html.

了中阿合作论坛（以下简称论坛）。论坛致力于增进双边政治关系、密切经贸往来、扩大文化交流、加强国际事务中的合作。论坛成立后，每隔两年召开一次部长级会议，使中阿合作机制化和常态化。截至2014年，双方已经召开了6次部长级会议，大大促进了双边关系的全面发展。可以说，是中国和包括约旦在内的各阿拉伯国家间良好的合作促进了中阿合作论坛的成立，而该论坛的成立又反过来促进了中国与各阿拉伯国家的交往与合作，包括中国和约旦的经贸合作。

（二）中约经济互补促进了两国经贸关系的发展

随着经济实力的迅速提升，自20世纪90年代末期开始，中国的对外开放已经不再局限于“引进来”，而是进入到“引进来”和“走出去”双向开放的新阶段。1997年召开的党的“十五大”，已经明确提出要更好地利用国内、国外“两个市场、两种资源”。之后，中国企业家们“努力探索从‘产品走出去’升级到‘产业走出去’，再到‘品牌走出去’的发展路径”（胡浩，苏小坡，2007）。

对外投资，既是中国企业充分利用全球资源配置继续增强实力的重要步骤，也是中国企业打破欧美大国频繁对我国发起“双反”（反倾销和反补贴）调查的重要举措，更是让我国雄厚的外汇储备保值增值的重要方法。2000—2003年，我国外汇储备从1 655.75亿美元增加到4 032.51亿美元，增长了一倍多。仅隔一年，我国的外汇储备再翻一番，达到8 188.72亿美元。尽管正值世界经济危机，到2008年，我国的外汇储备已经达到19 460.3亿美元，再次实现了在2005年的基础上翻一番的目标。到2013，我国的外汇储备在2008年的基础上再翻一番，达到了38 213.15亿美元[④]。

在此背景下，我国对外投资呈跳跃式增长。仅从2004年到2012年，我国对外直接投资从527亿美元增加到5 319亿美元，增长了近10倍（表1）。

[④]http://www.safe.gov.cn/，2015-3-8.

表1 中国对外投资总额表（2004—2013年） （单位：亿美元）

时间（年）	金额	时间（年）	金额	时间（年）	金额	时间（年）	金额	时间（年）	金额
2004	527	2005	645	2006	906	2007	1 160	2008	1 857
2009	2 458	2010	3 172	2011	4 248	2012	5 319	2013	6 091

数据来源：国家外汇管理局网站.http://www.safe.gov.cn/，2015-3-8.

约旦资源匮乏，工农业基础薄弱，长期依靠外援，渴望国外投资和对外援助。特别是2007年全球经济危机后，约旦经济更是捉襟见肘。仅2009 年，约旦接受外援总额就达到13.75 亿美元，占其当年财政收入的 21.51%，为当年GDP的5.8%（陈妍，2010）。在2010年之前，约旦的外援和投资主要来自美国、欧盟和日本。而这三大经济体在经济危机中也都遭到了较沉重的打击。经过30多年改革开放的中国，经济总量上升到全球第二位，且是率先从经济危机中走出来的国家。因此，约旦渴望中国加大到约旦的投资，增加对约旦的援助。2008年，约旦颁布《促进投资法》，通过为外资企业提供更多的投资保障来吸引国外投资。

约旦急需外资不仅与我国需要对外投资形成互补，且其具有良好的投资环境。从20世纪70年代开始，约旦一直主张和平解决巴以争端，是中东难得的政局稳定，与阿拉伯国家和以色列都保持着友好关系的国家。同时，约旦与邻近国家互享零关税待遇，与美国、欧盟、新加坡等国家和地区都签有自由贸易协定。如果中国企业在约旦投资，不仅能“打开中东各国的关税壁垒，还能避免‘中国制造’引发的贸易摩擦”（李菁晶，2008）。此外，约旦拥有丰富的人力资本，其发展潜力较大的制药、纺织、建筑、汽车等产业也都是中国的优势行业，故约旦也是中国投资的重点对象之一。经济方面的互补性成为推动中约经贸合作的又一基础。

（三）中约关系的全面发展促进了两国经贸关系的发展

21世纪中约经贸关系的全面发展，也得益于两国政治、文化关系的发展以及民间交流增多的推动。在政治方面，中约两国领导人高度重视与对方的关系。在2000—2014年间，从中国国家领导人胡锦涛到约旦国王阿卜杜拉二世，从中方外交部长唐家璇、李肇星、杨洁篪到约旦外交大臣朱达，从中国全国政协主席俞正声到约旦参议长里法伊等高层领导都进行了互访。互访中，两国高层都表示要从战略、长远角度来看待双边关系（表2）。与此同时，两国文化交流大幅加深。中国不仅在约旦设立了中国国际广播电台进行24小时不间断播出，还在约旦开设了两所孔子学院，约旦大学也开设了中文本科班。在民间交往方面，2003年两国签署了《关于中国旅游团队赴约旦旅游实施方案的谅解备忘录》。2009年，中国公民已享受约旦的落地签证待遇。

经贸关系只是国家间关系的一部分。两国关系的全面发展，定会促进经贸关系的发展。2007年、2008年、2009年、2010年和2013年，在友好的气氛中，中约5次签署《中华人民共和国政府与约旦哈希姆王国政府经济技术合作协定》以促进两国经贸关系的发展。

表2　中约双方高层互访表（2000—2014年）

时间(年)	中国	约旦
2000		前王储哈桑亲王；众议长马贾利；文化新闻大臣卡拉布
2001	国家副主席胡锦涛；外经贸部部长石广生；外交部长唐家璇	副首相兼经济事务国务大臣哈莱伊格
2002		阿卜杜拉二世国王
2003	国务委员司马义·艾买提；全国妇联主席顾秀莲	
2004		阿卜杜拉二世国王；参议长里法伊；教育大臣图甘；旅游大臣布兰
2005	全国政协副主席陈奎元；外交部长李肇星	阿卜杜拉二世国王
2006		外交大臣哈提卜；公有部门大臣哈扎阿拉；社会发展大臣塔拉瓦纳
2007	全国政协副主席罗豪才	阿卜杜拉二世国王；拉尼娅王后

续表2

时间(年)	中国	约旦
2008	中共中央政治局常委、全国政协主席贾庆林	阿卜杜拉二世国王
2009	国务委员兼公安部长孟建柱；中共中央政治局常委、中纪委书记贺国强；全国人大副委员长、全国妇联主席陈至立；外交部长杨洁篪	城镇事务大臣哈迪布；新闻和联络事务大臣兼政府发言人谢里夫
2010	中国对外友好协会会长陈昊苏	外交大臣朱达；计划与国际合作大臣哈桑；公有部门发展大臣兼大型项目国务大臣法胡里
2011		参议长米斯里
2012	全国人大常委会副委员长韩启德；中共中央政治局委员、全国政协副主席王刚	参议长助理兼参议院约中友好委员会主席哈里法特
2013		阿卜杜拉二世国王
2014	全国政协主席俞正声；中东问题特使吴思科（时任）；中东问题特使宫小生（现任）；外交部副部长张业遂	约旦文化大臣拉娜·麦姆卡

资料来源：中华人民共和国驻约旦大使馆.http://jo.chineseembassy.org/chn/.

二、中约经贸关系发展的现状

中约经贸关系的快速发展，集中体现在两国贸易总额不断提升、中国在约旦投资工程急剧增多两个方面。

（一）中约贸易快速增长

2000年，中约贸易总额为25 310万美元，到2003年，已经实现了翻一番的目标，达到52 481万美元。到2007年，双边贸易额再翻一番，达到118 136万美元。到2012年，中约贸易总额已经达到325 574万美元，再增长一倍。在21世纪初的13年中，两国经贸总额已经增长了13.2倍，年均增长101.9%，中国已经成为约旦的第二大贸易伙伴（表3）。

表3 中约贸易总额变化表（2000—2013年）（单位：万美元）

时间（年）	金额	时间（年）	金额	时间（年）	金额	时间（年）	金额	时间（年）	金额
2000	25 310	2001	27 429	2002	35 803	2003	52 481	2004	71 076
2005	91 068	2006	103 098	2007	118 136	2008	194 931	2009	207 065
2010	205 361	2011	276 945	2012	325 574	2013	360 443		

数据来源：中华人民共和国统计局网站.http://data.stats.gov.cn/workspace/index;jsessionid=9C0C05A0D6F9CD2E8DEF4A4E06360984?m=hgnd，2015-1-10.

（二）中国在约旦投资工程急剧增多

2001年，中国在约旦的承包工程完成营业额还仅为882万美元，而到了2002年，已增长了6倍多，达到5 492万美元。2008年，中国在约旦承包工程完成营业额首次突破1亿美元大关，而到2009年，更是达到创记录的33 527万美元[⑤]。

但中约经贸关系中也还存在着一些问题。

第一，两国间贸易严重不平衡。近10多年来，约旦对中国的出口也在不断增加。从2000年到2014年，约旦对华出口额从51.30万美元增长到169.88万美元，增长了2.31倍，年均增长17.78%。而同期中国对约旦出口从20 180万美元增加到343 456万美元[⑥]，增长了16.01倍，年均增长123.23%。可见，尽管约旦出口到中国的贸易额绝对数量在不断上升，但是其增长速度远远低于中国向约旦的出口总额。且约旦向中国的出口总额远低于中国向约旦的出口，约旦处于严重的出超地位。2000年，约旦对华出口仅为中国向约旦出口的25.42%。而到了2013年，约旦的出超地位不仅没有改善，反而再次增大，其对华出口仅为中国对其出口的4.95%。

第二，两国对外劳务合作还刚刚起步。据中国国家统计局统计，2011年到2013年，中国派往约旦的劳务输出人数分别为174人、101人和77人。作为经贸关系的一个重要组成部分，中国和约旦的劳务合作还有很大的提升空间。

[⑤]http://data.stats.gov.cn/workspace/index?m=hgnd，2015-3-8.

[⑥]http://data.stats.gov.cn/workspace/index;jsessionid=CF27950130E20E97C916021775E5EE55?m=hgnd.

三、中约经贸关系发展的前景

尽管中约间的经贸合作还存在着一些问题，但两国经贸合作前景广阔。

第一，这是由中国的“一带一路”和“亚太梦”战略目标决定的。“一带一路”和“亚太梦”的共同目标，是要深化我国同各国的合作，最终实现亚太地区和全球在经济上的共同繁荣、国家安全上的共同安全、文化上的相互了解、国家间的相互信任、民众间的民心相通。约旦处于“丝绸之路经济带”和“21世纪海上丝绸之路”的西端交汇地区，是中国建设“一带一路”的天然和重要合作伙伴。同时，约旦也以其独特的地理位置和独立自主的外交政策使其成为中国走进中东和阿拉伯地区的不可多得的门户。而与此同时，约旦也希望加强同中国的经济合作，实现国内经济的快速发展。2014年4月15日，中国外交部副部长张业遂访问约旦时强调，中方将约旦视为在中东地区的好朋友、好伙伴，始终从战略高度和长远角度看待中约关系。同年11月，全国政协主席俞正声访问约旦时也强调，希望约旦积极参与“一带一路”务实合作，中方也积极鼓励本国企业参与约方在交通、能源、基础设施等领域的发展项目。

第二，中国和约旦能源合作空间巨大。约旦是中东地区为数不多的没有石油资源的国家，国内所需95%以上能源需要进口。为改变能源进口依存度大的局面，自21世纪初期开始，约旦政府尝试发展国内资源相对丰富的、以风能和太阳能为主的可再生能源和核能，并计划于2015年建成国内首个核电站，到2030年实现核能占国内能源需求的30%目标（于晓华，苏小坡，2009）。经过多年的发展，中国的风能、太阳能、核能技术和设备已经走向国际市场，这也是我国政府着力推动增加出口、走向国际的产业。2009年，中国力拓集团已经与约旦签订铀资源勘探初步协议。因此，在可再生能源和核能领域，中约有着良好的发展前景。

第三，中约两国领导人已经意识到经贸领域存在的问题。中约间贸易不平衡的问题，已经引起双方高层的重视，并予以下大力气解决。2007年10月30日，时任国家主席胡锦涛在会见约旦国王阿卜杜拉二世时强调，为扩大两国经贸合作，中国会扩大进口约旦产品，为约旦企业在华推介产品提供更多的便利。2008年9月17日，胡锦涛在会见约旦国王阿卜杜拉二世时，再次重申了上述观点。中约两国领导人已经认识到问题的存在，这无疑为解决问题打下了基础[7]。

参考文献

陈妍，约旦寄望 中国扩大援助规模——访中国驻约旦使馆经商处参赞马建春[N]. 国际商报, 2010 −8−14(C02）.

胡浩，苏小坡.中国企业正努力探索“出征”约旦[N]. 西部时报, 2007−8 −21(005).

李菁晶，投资约旦 进军中东[N]. 国际商报, 2008 −12−6(002).

于晓华，苏小坡. 约旦与力拓集团签订铀资源勘探初步协议[N]. 中国石化报，2009−3−5(007) .

[7]http://www.fmprc.gov.cn/mfa_chn/gjhdq_603914/gj_603916/yz_603918/1206_604978/xgxw_604984/t376603.shtml.

约旦对外政策的演变及其成因分析

孙来麟

约旦国土面积约8.9万平方千米，人口645.9万人（2013年）。面积不大，人口不多，但其地处亚、欧、非交通要道的重要战略地位，这决定了约旦对外政策决策的复杂和艰难。约旦外交活跃，一向奉行温和的外交政策，推行亲美、睦邻，抓热点、重大国的外交政策，强化与美国的特殊盟友关系，发展与其他大国的关系，改善和阿拉伯国家的关系，在地区事务中发挥着独特作用。截至目前，约旦已同世界上131个国家建立了外交关系。海湾战争时，由于约旦支持伊拉克，使它和西方的关系恶化，外援来源受到波动，但美国基本上一直是约旦外援的最大来源国。1994年，在美国的斡旋下，约旦和以色列签署了和平协议；在阿拉伯国家中，只有约旦和埃及分别同以色列缔结了和平协议。

为了更清楚地了解约旦对外政策的变化走向，我们以约旦和以色列的关系变化为主线来梳理约旦对外政策的变化脉络。

一、约旦对外政策的几个主要阶段

（1）1946—1967年，约旦独立之后到第三次中东战争爆发，约以关系严重敌对，处于战争状态。

约旦位于亚洲西部，阿拉伯半岛的西北，西与巴勒斯坦、以色列为邻，北与叙利亚接壤，东北与伊拉克交界，东南和南部与沙特阿拉伯相连。1921年英国以约旦河为界，把巴勒斯坦一分为二，西部仍称巴勒斯坦，东部建立外约旦酋长国。1946年3月22日英国承认外约旦独立，5月改国名为外约旦哈希姆王国。

独立后的约旦实行君主立宪制，基本的对外思路是：积极致力于约旦和巴勒斯坦的联合与统一；和以色列严重对立，私下偶尔有所接触；和英国保持距离，向美国逐步靠拢。

1948年的第一次中东战争，约旦占领了约旦河西岸和耶路撒冷老城，并通过政府决议把约旦河两岸合并，此举遭到多数阿拉伯国家的反对，但约旦不为所动，成功地完成了合并。原因如下：①得到了英国的大力支持；②私下与以色列达成某种默契；③阿盟内部意见不一。第一次中东战争爆发时，约旦积极出兵和阿拉伯军队共同对抗以色列，战争结束时，面对是否同以色列签署停战协议的问题，约旦是阿拉伯国家中第一个表示准备签署协议的国家。当战后约旦企图吞并约旦河西岸的做法遭到其他阿拉伯国家的反对时，约旦却转而寻求以色列的支持，并私下和以色列签署了《约旦王国与以色列和平条约》。1956年约旦废除《英约条约》，积极向美国靠拢，但与英国关系也没有完全断绝。当1957年面临严重内部威胁时，时任国王侯赛因还紧急寻求英国的支持，接受英国的经济和军事援助。1957年，约旦宣布接受“艾森豪威尔主义”，美国开始大量增加对约旦的军事和经济援助。到第三次中东战争爆发前，美国对约旦的援助达5亿多美元。美国通过约旦扩大了在中东的势力范围和影响。

（2）1968—1994年，约以关系表面仍然对抗，经常暗度陈仓。

有约旦参与的第三次中东战争让约旦损失惨重，不仅丢失了约旦河西岸的控制权，而且导致大量的巴勒斯坦难民涌入约旦，给约旦经济、安全都带来了巨大的隐患。这一时期，保证国家安全稳定是约旦外交政策的出发点，同时利用特殊的地理位置，在阿以冲突中为约旦谋求最大利益，巩固约旦在中东的地位。基本的对外思路是：利用王室家族的影响力主动出击，在各国之间进行穿梭外交，重建阿拉伯世界的团结；主张“以土地换和平”的原则，以色列应该撤出巴勒斯坦被占领土，建立独立的巴勒斯坦国，实现以巴关系正常化；继续加强同美国的关系，以寻求美国更多外援支持为核心开展约美外交，当约美关系出现波折时，及时调整；积极拓展与苏联的关系，平衡约美关系的压力，苏联解体后，继续和俄罗斯保持交往。

约旦王室属于哈希姆家族，而哈希姆家族又是伊斯兰教先知穆罕默德的后裔，在阿拉伯世界里，约旦王室享有崇高威望和一定的号召力，有利于约旦在阿拉伯国家间开展灵活外交。“两伊战争”的爆发，使阿拉伯国家的内部团结遭到破坏。叙利亚站在伊朗一边，约旦则坚决支持伊拉克，与伊朗断交，时任国王侯赛因积极展开穿梭外交，说服了叙利亚支持伊拉克。这次外交斡旋，符合约旦自身的需要，符合海湾国家的需要，也符合伊拉克的需要。这次成功的外交活动不仅推动了中东和平进程，而且也为约旦自己赢得了大量的经济援助。

在处理和以色列的关系上，约旦展现出高超的外交技巧。表面上一直对以色列强硬，实际上对以色列持温和态度，限制巴勒斯坦武装组织在约旦境内发动对以色列的袭击。但始终支持巴勒斯坦同以色列的合法斗争，经常谴责以色列对巴勒斯坦平民的暴行，积极推动中东和平进程向前发展。同时，约旦经常秘密和以色列接触。

约美关系一直是约旦对外关系的重中之重，其间几经波折，反反复复，最终形成一种特殊的战略伙伴关系。第三次中东战争之后，约旦失去了半壁江山，对美国有些不满，约美关系冷淡。1990年海湾危机后，由于同情伊拉克，反对美国对伊拉克动武，约美关系遭遇了考验。实际上，约美关系中约旦并不是只有让步一种选择。美国清楚地知道，约旦在中东局势稳定中扮演重要角色。美国不希望看到埃及增加对约旦的影响力，这将给美国的中东布局带来隐患，还有可能产生“多米诺骨牌效应”，尤其像沙特阿拉伯这样的传统亲西方国家，一旦脱离西方影响力将直接损害西方的石油利益。更为重要的是，如果约旦政权垮台，阿以很可能再次爆发冲突，美国也将因此陷入困境。因此，美国只得向约旦提供大量援助，扶持约旦王室政权继续统治约旦，必要时甚至辅以武力援助。约旦则是看准了时机，巧妙地让美国不断增加对其的扶持与援助，让美国一直充当它的主要保护人。

约旦同苏联开展外交活动则源于平衡美国压力的需要，凡是约美关系不好时，约苏关系就升温，约旦从与苏联的交往中也获得了不少援助。

（3）1994年7月25日至今，约以共同签署《华盛顿宣言》，规定两国结束战争状态，同年11月27日两国正式建交。

约以建交，标志着中东和平进程又向前迈进了一大步，约以两国的关系翻开了新的篇章。约旦同以色列开展多领域合作，发展经贸关系。此时双方既合作又斗争，尤其是在经济领域展开紧密合作，对以色列的单边政策表示有条件地支持。但同时批评以色列围困阿拉法特、“定点清除”巴勒斯坦领导人和在巴领土上修建隔离墙，一直敦促以色列落实中东和平“路线图”。同时约旦与其他国家的关系也继续稳步向前发展。基本的对外思路是：高举和平大旗，坚持美国是首要、大国是屏障、周边是依靠、中东地区是舞台的原则。约旦坚持大外交，争取更多的国际话语权，积极推动中东和平进程，促使巴勒斯坦、叙利亚和黎巴嫩分别同以色列停止对抗，恢复和谈，成为推动中东和平的积极力量。继埃及之后，约旦成为与以色列实现和平的第二个阿拉伯国家。约旦支持巴勒斯坦建国，在加强同巴勒斯坦特殊关系的同时，保持和发展同以色列的正常交往；与大国关系密切，是美国、欧盟在中东的亲密盟友。约旦不仅成为与美国签署自由贸易的第一个阿拉伯国家，而且也是美国在中东伊斯兰国家中唯一的“非北约盟国”。此外，约旦还加入了“欧盟—地中海伙伴关系”，致力于建立欧盟—地中海自由贸易区；和主要大国强化联系，继续拓展与俄罗斯、中国、日本等大国的合作，特别是日本每年向约旦提供大量援助，已成为约旦的最大债权国；与地区各国关系密切，在国际舞台上日益活跃。截至目前，约旦已同131个国家建立了外交关系，加入多个国际组织，在国际舞台上继续发挥积极作用。

二、中约关系快速发展

1977年4月7日，中约签署《联合公报》，正式建立外交关系。约旦承认中华人民共和国是中国人民的唯一合法政府，台湾是中华人民共和国领土不可分割的一部分。两国政府在和平共处五项原则基础上发展两国之间的友好和合作关系，约旦政府保证断绝同台湾的关系。建交后的中约关系健康快速发展，两国领导人互访频繁。

1995年4月，台湾李登辉访问约旦，严重损害了中约关系的发展。中国政府通过外交途径向约旦提出交涉，约旦政府重申坚持一个中国政策，希望继续加强同中国的全面合作。

约旦国王阿卜杜拉二世执政后，中约外交关系的发展进入了快车道。中国向约旦提供了大量的军事、经济和技术援助，同时中国政府鼓励参与约旦的培训项目，不断为约旦培训技术人才。除此之外，两国高层往来也越来越频繁。老一辈国家领导人江泽民、胡锦涛都多次会见约旦国王阿卜杜拉二世。

近年来，中约两国民间交流日益频繁。1988年约中友好协会在安曼成立，为发展两国民间友好往来做出了重要贡献。2008年9月18日，沈阳师范大学和约旦塔勒利·阿布·格扎拉国际集团（TAG）签署协议，在约旦首都安曼设立了约旦第一所孔子学院，2009年4月1日孔子学院正式运行；2011年9月25日约旦费城大学孔子学院成立签约仪式在中国驻约旦使馆举行，费城大学孔子学院是继安曼TAG孔子学院之后中国在约旦开设的第二所孔子学院，该学院由山东聊城大学对口支持。目前在约旦的汉语教学机构还有约旦大学汉语系和约旦军队外语学院汉语系等。

2015年1月14日至20日，中国地质大学（武汉）校长王焰新率领学校代表团访问约旦，并与约旦政府高等教育与科学研究部签署《推进“中约大学”建设合作意向书》。为了更好地了解约旦，增强中约两国人民的友好交往，中国地质大学（武汉）在中国驻约旦大使馆和约旦驻华使馆的共同支持下，积极筹建“约旦研究中心”。中国地质大学（武汉）代表团访约期间，还得到了约旦首相恩苏尔的亲切接见。恩苏尔首相指出：约旦是一个小国，但非常重视教育，全国600多万人口，就有30多所大学，和120多个国家开展了教育合作与交流。近年来，中国发展很快，约旦政府和人民希望学习中国的成功经验。因此，约旦政府对与中国合作办学非常重视。希望中国地质大学（武汉）代表团的访问有力推动双方的合作。

三、结束语

纵观约旦的对外政策演变过程，不难发现，约旦既无辽阔的国土面积和充足的人力资源，也无雄厚的经济实力和先进的科研水平。常言道：弱国无外交。约旦位于冲突地区的中心，始终处于各种势力的“夹缝”中，但是，约旦不仅在动荡的中东生存了下来，而且还凭借王国的历史及地理位置优势，在地区冲突中起到其他国家无法替代的作用。约旦历任国王都灵活运用温和、务实、平衡、开放等外交手段，给约旦带来了大量的经济援助，推动了本国的经济向前发展，实现了国家利益最大化。但不得不说，约旦的这种外交模式也存在着很大的风险，如果国际形势发生突变，经济援助得不到及时保障，国家的安全稳定就会出现危险。

参考文献

冯基华. 在夹缝中求生存的约旦外交 [J]. 亚非纵横, 2004(4): 42—43.

国强. 约旦君主政体长期存在的原因初探 [J]. 亚非纵横, 2002(1): 41—42.

第五篇 资源环境

约旦的资源与环境概况

黄定华

约旦位于阿拉伯半岛西北，西与巴勒斯坦、以色列为邻，北与叙利亚接壤，东北与伊拉克交界，东南和南部与沙特阿拉伯相连。约旦的主体国土皆为内陆地带，在整体上与沙特阿拉伯同属于内夫得大沙漠，重要水源几乎都集中在其西部边境。其中，约旦最大的淡水资源——约旦河沿边境线自北向南流过，在边境线中部注入死海，是世界上海拔最低的河流。边境线南部的亚喀巴湾是约旦唯一的出海口，与红海相连。约旦处于北半球干旱-半干旱气候带，但因毗邻红海且隔岸眺望地中海，在气候类型上主要还是受亚热带地中海型气候的影响，四季温和，在气候特征上与西亚大多数国家皆有所不同。

和西亚其他国家相比，约旦在自然资源方面也较有特色，主要表现在约旦基本不具有石油资源，同时还是一个邻近多种水源却极度缺水的国家。水资源的匮乏甚至成为约旦社会的一大心病。

一、约旦的资源状况与存在的问题

（一）约旦的水资源

约旦虽然毗邻红海和约旦河，境内还拥有古地下水源，却仍然成为世界十大缺水国之一。据《约旦时报》2014年报道，约旦已经成为世界第二缺水国家，其人均用水比国际贫水线低88%。近年来，随着中东地区动荡，上百万叙利亚难民涌入，使约旦北部地区用水需求急剧上升了40%。因此，约旦水利及灌溉部部长纳赛尔称，约旦正在经历一场空前的水资源危机。

究其原因，一是约旦所处的气候带属于北半球的干旱-半干旱气候带，降水本就稀少。二是约旦国土在地理上主要属于西亚最大的沙漠——内夫得大沙漠的西缘部分，因此除西部边境的约旦河外，境内没有其他大规模的地表淡水水系。三是约旦虽然濒临死海和红海，但它们的水源却无法被直接利用。四是被约旦视同生命线的约旦河本身流量就不大，还要同时供给黎巴嫩、叙利亚、以色列等多个国家和地区，早已供不应求，加上近年来上游水源日趋枯竭并污染严重，使可用水量更是大幅下降。五是约旦虽然有相当储量的古地下水，但内含超量放射性元素，且由于过度开采，盐碱化严重，同样难以直接利用。因此，尽管约旦水资源的现有利用仍是以满足农业和生活用水等最基本的需求为主，但约旦意图尽快成为一个工、商、农、贸多种经济模式完备的中等经济发达国家。随着其近年来一系列发展经济的强力政策出台，水资源匮乏的问题也必将随着其经济发展速度的加快而更趋紧迫。这一“有水无用”的特殊状况，也成为制约约旦经济发展及其民众生存的一个极其重要的问题。

约旦最重要的淡水资源——约旦河发源于黎巴嫩境内的赫尔蒙(Hermon)山西麓，流经黎巴嫩、叙利亚、约旦和以色列，从约旦河西岸注入太巴列湖，最后在约旦西部国境线中部一带汇入死海。约旦河全长约320千米，历史最大年均径流量为14亿立方米以上，是其沿岸国家最重要的淡水来源，在历史上被尊崇为中东民族的母亲河。但近年来约旦河的流量已经大幅下降，从20世纪30年代的10亿立方米以上陡降到现今的2 000万～3 000万立方米，不到全盛期的1/40。在对约旦河用水量的分配上，以色列从约旦河中转移的水量最多，高达46.47%；其次是叙利亚，占25.24%；约旦和巴勒斯坦分别仅占23.24%和5.05%。

除人口与环境的双重压力外，这些沿岸国家又因为民族和宗教信仰的不同而分裂为两大敌对阵营，相互之间又因为对约旦河水的争夺致使长期冲突不断。约旦河面临枯竭危机背后的一个重要原因，也正是周边国家之间对约旦河水的激烈争夺。从20世纪50年代开始，以色列就开始修筑水渠从约旦河上游的加利利湖引水，几乎将约旦河上游所有水流全部截走。约旦、叙利亚只能通过约旦河下游主要支流耶尔穆克河引水，沿岸各国关于共享约旦河及其支流水源的谈判也因此陷入僵局。以色列和周边阿拉伯国家一直互相指责对方出于自身目的转移本应共享的水源，还多次爆发冲突乃至战争。从客观上来看，解决这一矛盾的唯一办法，唯有包括以色列在内的流域周边各国摒弃前嫌，共同努力，扩充水源并合理分配份额，才能达到缓解矛盾的目的。环境保护组织“中东地球之友”于2010年提出了一个解决方案，建议以色列与约旦分别从加利利湖和约旦河最大支流耶尔穆克河抽取水源注入约旦河，并适量注入经过处理过的污水，使之流量增加6亿立方米以上。如果这一行动方案能够被各方接受并共同实施，不仅能够有效缓解上述国家共同面临的水资源紧张局势，同时也能促进相关各国多边关系的和解，可谓一举两得、皆大欢喜。

约旦还有一项重要的淡水资源即古地下水，但其中也有两个需要先行解决的问题：一是水中含有放射性活性镭和钚，并且总量已超过安全饮用水标准的20倍；二是由于长期过量开采，导致地下含水层已发生严重盐化。为解决这两个问题，约旦政府从2007年起，陆续投资6亿美元，用来勘探、改造和开采低盐古地下水，以作为对地表淡水资源不足的重要补充。

此外，为了获得更多的用水安全保障，约旦和以色列2013年还签署了利用海水制造淡水的合作协议，利用所谓的“福斯特拯救死海计划”来进行死海海水的综合处理，这有可能成为约旦今后彻底解决水资源危机的有效辅助途径。

（二）约旦的矿产资源和能源矿产

约旦和其他多数西亚国家最大的不同之处在于约旦几乎不产石油。在已经探明的矿产资源中，主要有少量金属矿产如铜、锰等能保证自给自足。非金属矿产则有磷酸盐和钾盐，产量均可供出口。其中，磷酸盐探明储量约20亿吨，是约旦目前最多的非金属矿产资源。钾盐则来自位于以色列和约旦之间的死海，其探明储量达40亿吨。在约旦的能源矿产中，有油页岩和少量天然气。其中，油页岩储量为400亿吨，是世界上油页岩储量最丰富的五个国家之一。

由于缺少石油，油页岩开采技术和规模又远远无法满足约旦的能源需求，因此，约旦确立了争取多国协作的核能政策。约旦的放射性铀矿近年来也受到越来越多的国家和国外机构重视，包括中国在内的多个国家和公司先后与约旦进行了相关的合作谈判。法国阿海珐(Areva)集团早在2008年最先与约旦原子能委员会(JAEC)就在约旦中部合作勘探铀矿一事签署了一份合作协议，取得了在约旦中部地区勘探和开采铀矿的权利。同年稍晚，韩国又与约旦签署了一项核合作的初步协议，规定韩国将在技术援助、核安全和人力资源上为约旦提供相应的服务。2009年，俄罗斯也紧随着与约旦签署了和平利用核能的政府间合作协议，为两国在民用核领域开展合作提供了法律保障。

我国地质专家在2008年就已经两次赴约旦进行了铀矿资源研究，对约旦境内的铀矿资源进行了野外勘察，作出了潜力评价，并初步圈定了成矿远景区划，为我国和约旦进一步开展矿产资源与能源合作夯实了基础。

（三）约旦的土地与旅游资源

约旦领土大部分是高原，西高东低。国土内陆大部分是沙漠和由裸露的岩石、砾石等组成的荒漠，土地资源极为贫瘠。国境西部约旦河两岸是主要的农业区，年降雨量可达500～700毫米。而全国其他大约91%的面积年降雨量少于200毫米，这也是导致约旦高居世界十大缺水国家之一的重要原因。即使在雨量较多的9%的国土面积中，能进行灌溉的耕地也只占全部耕地的7%。这部分土地生产了占全部农业产量40%的农产品，其产值占农业总产值的近70%，这更加说明了约旦土地资源匮乏极其严重的事实。

约旦作为中东最古老的伊斯兰国家之一，有着丰富的伊斯兰宗教文化传统，遗留和保存了大量的名胜古迹。同时，约旦境内地形奇特，地质景观随处可见，加上声名遐迩的死海和红海亚喀巴湾的迷人景色，如果加以统筹布局和深度开发，将可成为约旦一项极为宝贵的旅游资源。根据2013年数据显示，旅游业对约旦GDP的直接贡献约1 200万美元（12亿第纳尔），间接和由旅游业诱发的贡献率合计约3 500万美元（35亿第纳尔）（图1）。

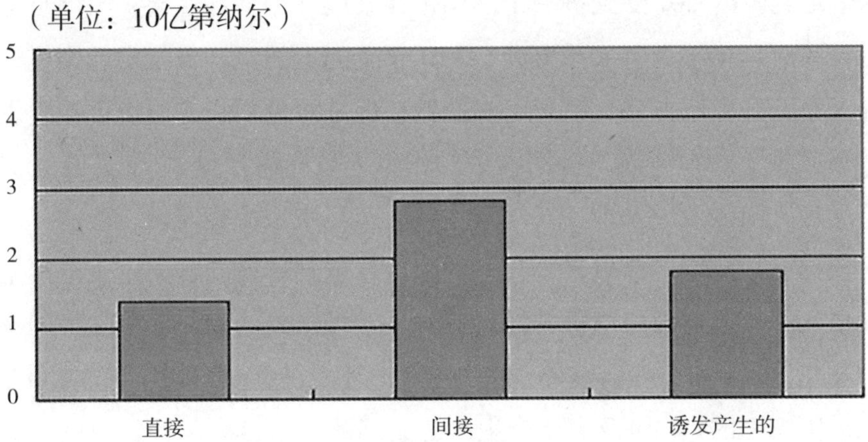

图1 2013年旅游对约旦GDP的贡献

二、约旦的自然环境与存在的问题

在历史上，约旦河流域曾是一个环境适宜、土地肥沃的地区。《圣经》中的约旦河被描述为滋润了一个肥沃的大平原，因植被繁茂，这一地区被称为“耶和华的花园”。但随着以游牧方式为主的经济模式在中东地区兴起并长期持续，这一地区已经成为环境污染极度恶劣的典型。1987年，联合国环境保护署将一项国际奖项颁发给约旦环境大臣和该部臭氧层项目负责人，以表彰约旦在保护臭氧层方面所做出的不懈努力。从某种意义上看，这实际上更像是对约旦环境对策的一个讽刺。原因在于，约旦河西岸地区过去长期缺乏环境保护法规制约，使当地生态环境极度恶化，以至于被外界戏称为“污染避难所”。

另一方面，由于约旦近90%的国土位于西亚内陆地区，属于全球气候分带中的干旱–半干旱区和生态脆弱带，年降水量不足100毫米。其主要国土在地理上属于阿拉伯高原的一部分，地势较高。但死海则是全球陆地地势最低的湖泊，约旦河也是世界上地势最低的河流。约旦由于其经济发展模式的影响，沙漠、砾漠和荒漠将成为主导性的生态景观。加上过量开采地下水，表土盐碱化加剧，进一步破坏了已经极度恶化的生态环境，使之成为约旦亟待解决的环境问题。

为避免约旦的环境受到进一步破坏，在开展和加强环境保护与修复工程方面，约旦政府近年来做了大量努力。2013年美国—约旦环保技术合作论坛在约旦首都安曼召开，双方联合签署了一份旨在促进绿色增长、经济可持续发展的工作计划公报。2014年底，德国技术合作组织也向约旦提供650万欧元援款，专门用于解决固体垃圾处理、气候变化、生态环境保护等问题。

约旦与巴勒斯坦、以色列之间近年来也意识到环境问题的严重性甚至超越了相互之间的政治与战争危机，因此自2010年以来，他们在环境保护问题上也取得了初步合作共识。针对日渐枯竭的约旦河（水量仅2 000万～3 000万立方米，不足历史上的1/40）及由此产生的污染问题，以色列和约旦也商定了从加利利湖与约旦河最大支流耶尔穆克河抽取大量水源注入约旦河，并适量注入经过处理过的污水的巨大环保工程。

三、中约在资源环境领域的合作前景展望

约旦奉行中立、不结盟政策，推行亲美、睦邻的外交政策，强调与美国的特殊盟友关系。为在周边复杂的政治纷争中生存，约旦也开始注重发展与各主要大国的关系，并努力改善与其他阿拉伯国家的关系，在地区事务中有特殊的话语权。2006年6月，约旦当选为联合国人权理事会亚洲区副主席国。这些政策展示了约旦以一个小国之智慧周旋于大国之间的治国功力，但约旦出于国土狭小、环境恶劣、资源匮乏等方面的局限性，仍然有各种难以仅靠自身实力解决的重大资源和环境问题。因此，我国尽快开展与约旦在资源、环境领域的合

作，既是中约双方互利共赢的必要举措，也是两国民心相通的根本保障，更是推进“一带一路”战略的有效抓手。在今后的合作过程中，以下重点方向值得注意，即约旦的资源经济模式、约旦的资源状况与发展前景、约旦的资源政策与中约合作战略、约旦的环境现状、约旦的环境保护政策、中约环境保护合作战略。

参考文献

党福江. 干旱的约旦给我们的启示[J]. 水土保持应用技术, 2009, 1:29-31.

刘延民. 约旦:缺少资源的富国[J]. 21世纪, 2001, 6:52-53.

尚艳丽. 约旦拥有丰富的油页岩资源潜力[J]. 世界石油工业, 2008, 6:52-55.

王丽艳. 约旦古地下水具有高放射性[J]. 资源环境与工程, 2009, 2:205-205.

王晓娜. 约旦河流域水资源国际政治问题研究[D]. 青岛：青岛大学, 2013.

张燕. 阿以约旦河水问题研究[D]. 西安：西北大学, 2009.

Amram P, 张毅, 王小群. 以色列的农业灌溉与水资源的环境保护和利用[J]. 环境科学与技术, 1992, 4:48—50.

Mohammad I, Badran M K, AlZibdah, 等. 红海亚喀巴湾约旦海岸表层沉积物的环境质量[J]. AMBIO-人类环境杂志, 2005, 8:609—614.

约旦及其邻区地震危险区分析

曾佐勋　李献瑞　陈康力　潘黎黎　贺赤诚　杜秋姣

约旦位于阿拉伯板块西北部，东部以死海转换断层为界，南部到达亚喀巴湾，北部毗邻巴尔米拉褶皱带，属于构造活动性较强的地区。近期，诸多学者通过结合地震地质方法与构造应力场分析探究了该区比较重要的构造样式与特征。Heidbach等（2007）根据死海转换断层上发生的6级以上历史地震，了解死海转换断层上的构造应力演化，推断约旦断裂可以产生Ms7.4和Ms6.8级地震；El-Isa（2013）收集整理了研究区内亚喀巴湾地区的历史地震和仪器记录的地震，计算出该区6级以上强震的复发周期；Diabat等（2004,2006,2009）则从岩石保留的断层滑动记录来研究约旦地区的古构造应力场，并总结出应力场的演化过程和发生变化的原因；Hofstetter等（2007）通过对死海盆地及其周围发生的78个震源机制解进行分析，得到死海转换断层现今应力场特征，特别指出在亚喀巴湾和死海盆地之间的最大主应力轴呈近垂直状，对了解死海转换断层的分段性有较大意义；而Elenean（2009）和Aldamegh（2009）则通过对研究区内某些特定地震进行震源机制相关研究来获取研究区内活动构造的运动方式。

在地震危险性评估方面，Yücemen（1992）约旦地区采用概率统计的方法，利用已知的地震震级及震源分布等信息，计算了约旦地区的地面峰值加速度，以此预估地震灾害给城市建筑造成的伤害，并为建筑的抗震设计提供资料。后期又有很多学者跟进这一方面的工作（Husein,et al，1995；Al-Zoubi,et al，2006；Jimenez,et al，2008），包括尽可能全面地收集历史地震信息，并将地震位置划分为更小、更详细的地区，使计算过程更加精确。

以上的这些研究成果证实了约旦地区具有发生破坏性地震的可能，且已经可以对地震灾害作出评估。然而地震过程是极其复杂的，如何有效地对发震机制及发震位置作出估计，仅凭单一手段往往效果较差，需利用多学科交叉研究，最大限度地发掘有用信息以提高结果的准确性。本文从约旦及其邻区现今构造应力场特征、断层GPS运动速度、卫星重力异常和地壳速度结构等方面来圈定地震危险区，以此了解其孕震及发震情况，希望为该地区的防灾减灾工作提供依据和参考。

一、约旦活动构造背景

研究区位于阿拉伯板块的西北边缘（图1），经纬度范围为E 33°—40°，N 28°—34°。区内包括阿拉伯板块、非洲板块或西奈微板块和欧亚板块。阿拉伯板块位于印度板块西部，其北侧及北西侧与欧亚板块碰撞接触，南侧和西侧则与非洲板块隔红海相望。由于阿拉伯板块所处的大地构造环境位置特殊，该板块拥有全部的3种板块接触边界：汇聚型、离散型和转换断层。汇聚型边界位于阿拉伯板块的北部和东部，由于与欧亚板块的碰撞，形成了土耳其-伊朗高原；离散型边界位于阿拉伯板块的南部和西部，是由红海和亚丁湾地壳扩张作用所引起的；转换断层则位于该板块的北西与南东边界，分别为死海转换断层和阿曼近海的欧文断裂带。

阿拉伯板块主要由前寒武纪结晶基底及其上覆的第三纪（古近纪+新近纪）及更新世地层组成，包括后来西部地区的火山岩、东部地区的陆相和海相沉积地层。板内地区在新近纪时没有经历强烈的变形，因此其东部的中新生代沉积地层基本水平。阿拉伯板块板内地震并不活跃，虽然没有大地震发生的记录，但中强地震却一直较为活跃（Vita-Finzi，2001）。

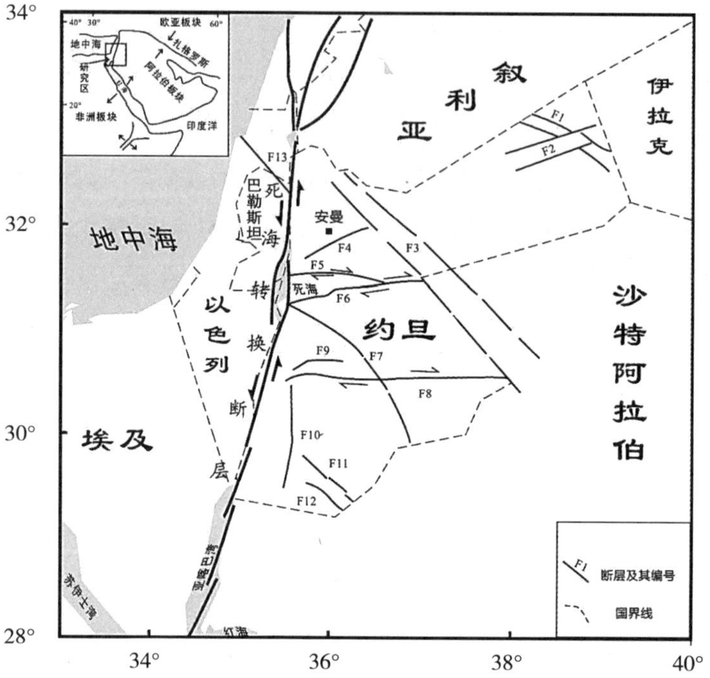

图1　约旦及其邻区构造背景图（据Alqudah,et al，2015）

黑色粗实线—死海转换断层；黑色细实线—次级断层；灰色部分—海水

F1. Bustan断层；F2. Basateen断层；F3. Sirhan断层带；F4. Amman-Hallabat断层；F5. Zerqa主断层；F6. Siwaqa断层；F7. Karak Fayha断层；F8. Salawan断层；F9. Dana断层；F10. Quwayra断层；F11. Ras En Nagab断层；F12. Mudawwara断层；F13. Carmel断层

研究区内主要的活动构造是死海转换断层及其分支断裂。死海转换断层呈近南北走向，将阿拉伯板块和非洲板块分开，南起自亚喀巴湾，向北止于东安纳托利亚断层，绵延1 000余千米。现今GPS观测表明，该断裂带目前仍以3.3±0.4mm/a（Wdowinski,et al，2004）的速度以左旋走滑形式，调节板块间的运动状态。除死海转换断层外，约旦境内分布着一些较小的次级断裂。依据其走向方位可划分为4组断裂系统（图1）。

（1）南北向断裂：与死海断裂带同时期形成，切割深度较大，地表表现为微弱凹陷或者无明显特征。

（2）北西-南东向断裂：控制着约旦大部分地区，部分断裂延伸到叙利亚或沙特阿拉伯。倾向向南，深切至地幔，主要为拉张性质，与红海断层同期形成，如Karak Fayha断层、Sirhan断层。

（3）东西向断裂：这类断裂均为右旋性质的走滑断层，长度各不相同，部分延伸至沙特阿拉伯；断裂为基底断裂。红海地壳扩张以及死海转换断层的左旋活动影响着研究区内的构造应力场，在N—S到NNW—SEE向主压应力和E—W到NNE—SSE向主张应力控制下形成东西向的Siwaqa断层（Ibrahim,et al，2014），Salawan断层也是属于这一类型。

（4）北东—南西向断裂：切过其他3组断裂，是最年轻的构造系统，主要受压应力控制，与褶皱关系密切，如Basateen断层（Alhomoud,et al，1995）。

二、约旦地震分布

据美国地质调查局（USGS）统计记录的约旦及其周边地区（N28°—34°，E33°—40°）地震目录信息，结果表明研究区内从1900年至今，共发生过372次地震，具体统计信息见表1。

表1 约旦及周边地区地震信息统计（1900—2015年）

震级/Ms	1～2	2～3	3～4	4～5	5～6	>6
次数	9	60	156	128	15	3

地震活动主要沿着死海转换断层分布，证实该断层存在强烈的构造活动。在死海转换断层南部区域，地震带走向近南北，范围从29.5° N附近的亚喀巴湾延伸到33° N附近的加利利海。进入死海南部区域33° N附近的黎巴嫩，地震活动范围增大，反映死海主干断裂附近的次级断裂活动性增强。Yammouneh 活动断层是死海断裂带北部地震的发震断层（Ambraseys，1997；Ambraseys,et al，1998）。

在过去2 000多年的时间里，死海北部500km范围内发生至少10次震级为Ms6.5～Ms7.5的大地震，然而在死海与亚喀巴湾之间的区域则较少。在这个时间段内，还发生了大量震级低于Ms4.5级的地震。此外，并不是所有地震都是发生在死海主干断裂上，比如1983年加利利海西部Mw5.3级地震。

死海转换断层上发生的大地震震级在Ms6.1～Ms7.5之间。20世纪以前，在约旦及其邻区发生的Ms6级以上的地震有29次。在死海断裂带北部，公元前759年、公元419年、公元1759年及公元1837年均发生过Ms6级以上地震；公元658年、公元1202年沿着死海断裂带在纳布卢斯发生巨大破坏性的地震，震级达Ms6.6～Ms6.8；公元前1250年、公元前31年、公元746年、公元1160年、公元1546年及公元1927年在巴基斯坦的杰利科发生过震级在Ms6.2～Ms7的地震；公元前2150年、公元362年、公元1834年在Karak也发生过大地震，其中公元1834年发生的地震对耶路撒冷、伯利恒以及纳布卢斯等地方造成了严重的破坏；从公元前1050年到公元1070年间亚喀巴附近地区发生过4次震级在Ms6.2～Ms6.5之间的地震；公元1151年和公元1182年发生在阿拉伯的Hauran地震，震中是否在Hauran还存在争议；公元1837年黎巴嫩北部发生了Ms7.1级地震（Ben-Menahem，1979）。

1900年以后，在死海地区也发生过Ms6.0级以上的地震。在过去的100多年间，约旦及邻区发生过多次Ms6.0级以上大地震，并造成了严重的损失。1995年亚喀巴湾南部发生Ms7.2级地震（Al-Tarazi，2000；Klinger,et al，2000；Hofstetter,et al，2003），造成至少8人死亡以及30多人受伤；1927年死海北岸Ms6.1级地震（Ben-Menahem,et al，1976；Shapira,et al，1993），波及到耶路撒冷、以色列、太巴列以及纳布卢斯等城市，造成至少500人伤亡。

三、构造应力场特征

局部构造应力场受控于大地构造环境。约旦位于阿拉伯板块西北边缘，其东部为近南北向的死海转换带，南部为红海。研究表明，红海北部地区的地壳扩展速率为7.5～9.5mm/a（Jestin,et al，1994），死海转换断层的左旋走滑速率为3.3±0.4mm/a（Wdowinski,et al，2004），总体上阿拉伯板块呈逆时针转动，并持续向北推挤。区域震源机制解也显示，地壳的扩展作用使亚喀巴湾地区Ms6.0级地震以正断性质为主（Aladmegh,et al，2009），死海转换断层上虽然存在一定数量的正断型地震，但仍以走滑型为主（Elenean,et al，2009），这表明死海转换断层具有斜向走滑运动的性质。

在古应力场研究方面，Diabat 等(2004)通过测量白垩系岩石上的断层滑动数据得到死海转换断层东部约旦地区的构造应力场，主压应力（σ_1）大致可以划分为两个方向：NNW向和NWW向（图2）。前者应力场与中新生代以来死海转换断层左旋走滑运动和红海开裂有关，推测后者与晚白垩纪期间叙利亚弧形褶皱带形成有关，或仅仅是前者应力场逆时针转动的结果；约旦中部地区的Siwaqa断裂也存在类似的应力场，即S—N至NNW向和E—W至NWW向两个主压应力方向（Diabat，2006）；约旦北部的安曼地区，主压应力（σ_1）方向为NW向，由此产生了NW向走滑断层（如Amman-Hallabat断层）、NE向正断层

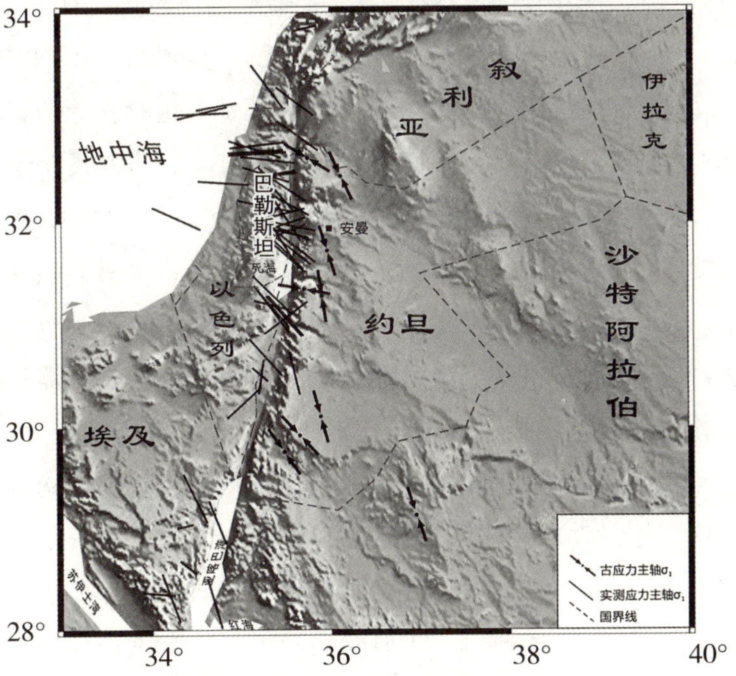

图2 约旦及其邻区构造应力场分布图

（据Diabat,et al，2004；Diaba，2006，2009；Coli.M, et al，2009）

[实测应力场数据参考自WSM（http://dc-app3-14.gfz-potsdam.de/）]

和NW向褶皱（Diabat，2009）。Coli（2009）通过对约旦中部Machaerus地区晚白垩纪以来的褶皱形态测量，得出该地区主压应力轴为近水平的NW向，推测与死海左旋走滑转换断层的运动有关。从空间方位上看，死海转换断层与中新生代的主压应力呈近45°夹角（Searle，1994），也表明死海转换断层的形成与该地区的晚白垩纪期间的应力场有直接关系。

现今应力场方面，我们根据“世界应力图计划”（The World Stress Map Project）截至2008年的应力测量数据（Heidbach,et al，2007），绘制了研究区的现今应力场图（图2中的短线表示），这些应力场数据主要由震源机制法、水压致裂法、应力解除法、钻孔崩落法、断层滑动反演构造应力场及火山口排列法得到（Zoback，1992）。现今应力场分布图显示，主压应力（$_{1}\sigma_{1}$）方向总体上呈E—W至NW向，并且沿死海转换断裂带由南向北发生有规律的变化：主压应力（σ_1）方向由南部的NW向逐渐过渡为北部的E—W向。

位于死海转换断层南部的亚喀巴湾，是地震的高发区（Diabat，2013）。从图2中可以看出，亚喀巴湾地区主压应力（σ_1）近水平，以NW向为主，表明其与死海转换带的左旋走滑运动有关，同时该地区也存在无明显优势方位、较为垂直的主压应力（σ_1）。亚喀巴湾地区的构造活动方式介于红海地区的地壳开裂和死海转换断层的左旋走滑运动之间（Diabat，2013；Benavraham，1985），这就说明亚喀巴湾地区既存在左旋走滑运动，又具有地壳开裂的张性运动性质。Camp等（1992）研究认为阿拉伯板块西部地区上地幔存在热的低密度体，热物质上涌形成地幔羽并侵蚀上覆脆性岩石圈，这可能是该地区地震频发的深部构造原因。由此推测亚喀巴湾近垂直的主压应力（σ_1）可能与深部物质的上涌有关，是红海地壳开裂并向外扩展影响到该地区构造应力场的反映。死海地区位于死海转换断层的中部，其现今构造应力场主压应力（σ_1）方位与亚喀巴湾地区不同，总体方位为NW—NNW向，较为水平，但死海南部（Arava Valley）主压应力轴（σ_1）倾伏角较大。Hofstetter等（2007）根据地震震源机制解反演得到死海转换断层的构造应力场，死海北部主压应力轴近水平，呈NW向；死海盆地地区主压应力轴近水平，呈NNW向；死海南部主压应力近垂直，与图2中显示的结果一致。约旦安曼北部地区现今测量的主压应力方向大致呈NWW向；在黎巴嫩以南，包括地中海东岸地区，主应力轴逐渐逆时针旋转为E—W向，与NW向Carmel断层左旋走滑有关。

古应力场显示，沿死海转换断层最大主应力（σ_1）方位大致为NNW向和NWW向，而现今应力场显示最大主应力（σ_1）沿死海转换断层从南向北逐渐由NW向经NWW向过渡到E–W向。考虑到死海转换断层的持续走滑及阿拉伯板块已逆时针转动约5.5°（Diabat,et al，2004），现今构造应力场的这种变化是合理的，且我们更认同古应力场中NWW向主压应力是由NNW向主压应力逆时针转动引起的（Ibrahim，et al，2014）。

四、卫星重力异常特征

利用卫星重力场来研究地壳内部质量的空间分布对了解地震的发震环境有重要意义（费琪，2009）。卫星重力异常反映了地球内部物质密度的差异，不同阶次的卫星重力异常则反映了不同深度的这种差异，两者间的关系可以参见袁学诚（2005）。USGS提供的地震目录显示，研究区内地震，尤其是5级以上，震源深度多为10km。根据深度与阶次之间的关系，本文采用eigen–6c2模型，我们得到研究区内同10km深度相对应的638阶卫星布格重力异常图（图3）。

研究区内，布格重力异常值在–121.9mGal至115.3mGal之间，平均为49.07mGal，以死海转换断层为界，总体上西部高于东部。作为研究区内的主要控震构造，死海转换断层处的卫星重力异常特征对了解发震位置有指导意义。大地震多发生在重力异常陡梯度带上（费琪，2009；曾佐勋和王杰，2013），也就是中地壳高导低速流变体边缘带上（杨巍然等，2009）。考虑壳内活动断裂的产状及性质，可大致了解现今该地区的地震活动性。我们将研究区分为死海转换断层和远离死海转换断层的两类区域进行研究。前者由于具有左旋走滑运动性质，若断层两侧岩石能干性强，随着走滑运动的持续，应力逐

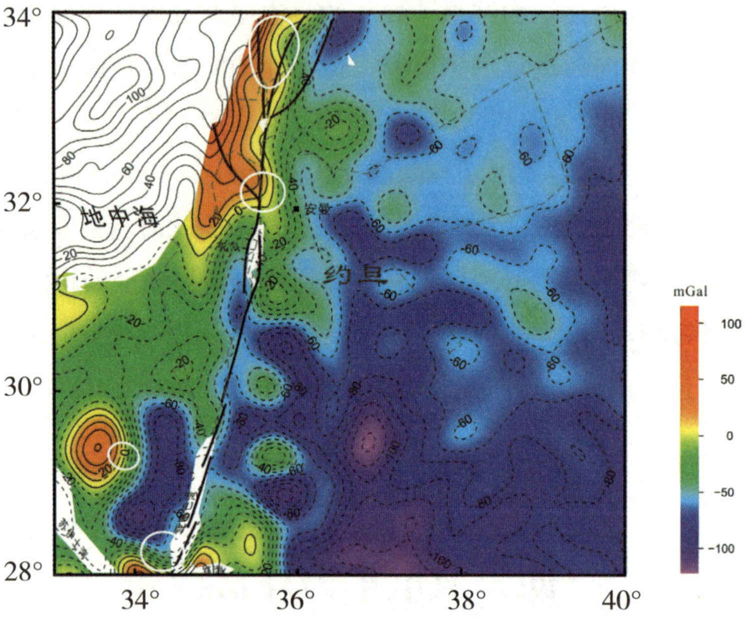

图3　约旦及其邻区638阶卫星重力异常图
（白色圆圈代表地震危险区位置）

渐积累，当超过岩石的承受范围后，岩石破裂引发地震；后者远离死海转换断层，走滑作用减弱，壳内以挤压形式存在的高密度体周缘地震危险性增加。两者在卫星重力异常图上均呈现为正负重力异常陡变带（区）。因此，综合考虑正负重力异常陡变带（区），活动断层位置及性质，我们在研究区内圈定出4个地震危险区，即死海盆地北部地区、亚喀巴湾地区、黎巴嫩山地区和凯瑟琳山地区。各区特征将在地震危险区分析中详细阐述。

五、约旦地震危险区分析

死海转换断层是区域性的活动断裂带，其沿线也是强震活动的区域，由图4可见，这些地震大部分集中在亚喀巴湾、死海和黎巴嫩山等地区。

通过对研究区内中强地震进行统计，结合局部构造位置和地壳深部结构，参考前人对约旦地区地震灾害评价的部分研究成果（Yücemen，1992；

Husein,et al，1995；Jimenez,et al，2008），我们划分出死海盆地北部地区、黎巴嫩山地区、亚喀巴湾地区和凯瑟琳山地区4个地震危险区。

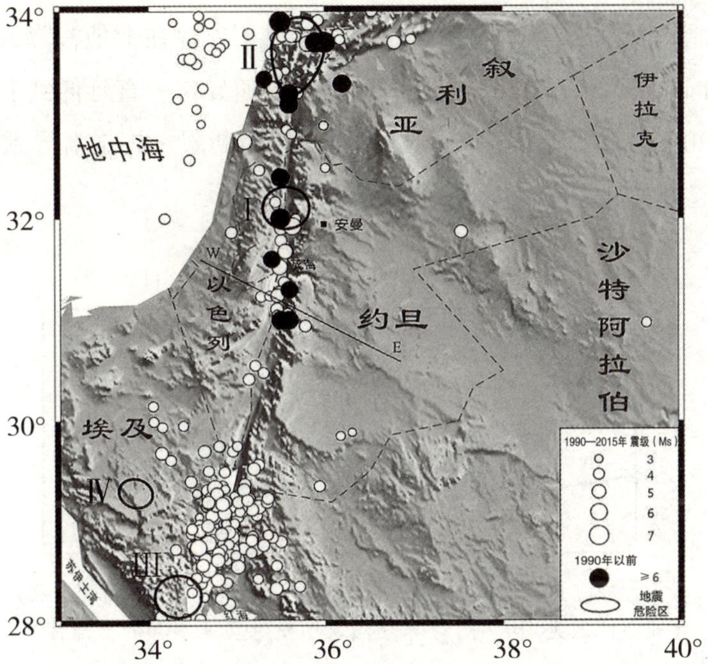

图4 约旦及其邻区地震分布及地震危险区

Ⅰ. 死海盆地北部地震危险区；Ⅱ. 黎巴嫩山地震危险区；Ⅲ. 亚喀巴湾地震危险区；Ⅳ. 凯瑟琳山地震危险区

[地震目录来自USGS网站（http://earthquake.usgs.gov）；历史地震，据Heidbach和Ben-Avraham，2007；W—E代表剖面位置]

（一）死海盆地北部地震危险区（Ⅰ）

该地震危险区位于Carmel断层与死海转换断层交界部位，其地质构造情况主要受控于死海盆地和Carmel断层。

死海盆地位于死海转换断层中部，是由两条左旋左阶雁列状分布的走滑断层形成的拉分盆地。其盆地深度较深，并存在由地壳扩张引起的盐底辟作用，此外，断层水平方向的运动和盆地沉降等加剧了死海盆地的活动，使死海盆地成为死海转换断层上最为活跃的地区（Al-Zoubi,et al，2006）。死海转换断层在该地区的滑动速率为4.6～5.9mm/a（Sadeh,et al，2012），一些破坏性地震如1927年11月7日6.25级地震发生在死海盆地北部（Elenean,et al，2009），震级超过6级的历史地震在死海盆地两端均有，其中有3个位于本地震危险区内（Aldamegh,et al，2009）。深部结构显示（图5），死海盆地下方存在上地幔隆起（Mechie,et al，2009；Mohsen,et al，2011），死海盆地的低速异常一直延伸到上地壳底部，Ten Brink（2006）认为该低速异常是由死海转换断层左旋走滑导致的拉分盆地向下延伸引起的（Ten Brink,et al，2006）。

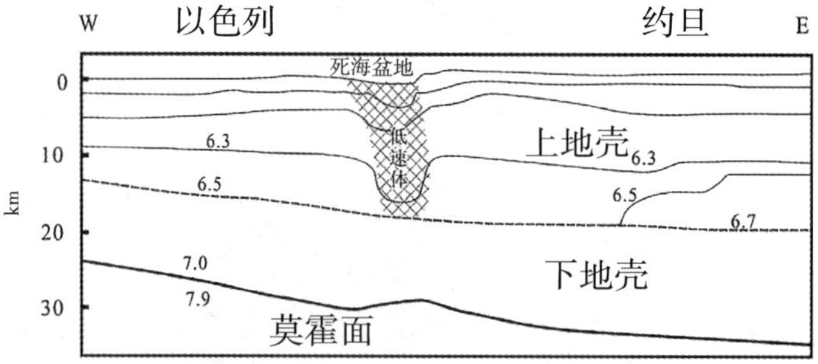

图5　过死海盆地的P波速度结构剖面（据Ten Brink,et al，2006）
（剖面位置见图4，阴影部分代表了死海盆地下部的低速体）

Carmel断层是死海转换断层的一条分支断层，起始于约旦河谷（Jordan Valley）中部，向西北方向延伸至地中海Carmel，将西奈微板块分隔为南、北两个构造单元。重力场研究认为Carmel地区复杂的变形是早期古老断层与晚期死海转换断层相关作用的结果，并一直持续至今（Achmon et al，1997）。该断层是一条左旋走滑断层，历史上曾于1927年发生过6.25级地震。GPS观测结果显示，Carmel断层左旋走滑速率为0.7mm/a，倾向滑动速率为0.6mm/a，具有斜向滑动的性质（Sadeh, et al，2012）。该断层上既发生过正断性质的地震，也有左旋走滑性质的地震（Hofstetter, et al，2007），这与GPS观测结果相一致。现代应力场测量结果显示，Carmel断层北西段主压应力轴近水平，呈E-W走向，南东段则为NW走向，与断层走向呈小角度（＜45°）相交。

卫星重力异常显示，死海盆地北部地震危险区（Ⅰ）重力异常梯度较大，沿Carmel断裂往南，重力异常值从60mGal逐渐减小至-50mGal。重力异常值的高低反映了岩石密度的大小，重力异常陡梯度带则代表了岩石密度的急剧变化。这种物性或岩石能干性上的差异，使地壳深部活动较为活跃。当构造运动引起的应力超过强能干性岩石（脆性部分）破裂强度或摩擦极限时，便会在两者接触边界附近的脆性岩石中产生破裂，形成地震（曾佐勋和王杰，2013）。死海转换断层位于岩石能干性强弱接触带上，且图4显示在死海盆地北部地震危险区（Ⅰ）切割具有较高重力异常的岩石，断层左旋走滑运动使该地区的岩石应力逐渐积累，当超过岩石的承受范围时，随即破裂发生地震。此外，Carmel断层与死海转换断层在该区相交，导致应力更容易集中，增加了该区大地震发生的可能。Al-Zoubi（2006）研究了死海盆地东缘2003—2004年间3个微震群事件，提出由于地震能量的向北运移，在不远的将来，Zerqa主断层（图1中的F5）以北地区可能会发生地震。

（二）黎巴嫩山地震危险区（Ⅱ）

该地震危险区位于黎巴嫩北部，死海转换断层在此处分裂为多条分支断层。GPS观测结果表明，这些断层左旋走滑速率大致为2～3mm/a（Le, et al, 2008）。黎巴嫩山地区经历了晚白垩世地壳缩短和后期死海转换断层的形成，使该地区构造应力场变得复杂，现今应力场显示该区的主压应力方向为NW向。该地区历史上有记载的最高震级为公元1170年的7.9级地震，有仪器记录以来的最大地震是1956年的6.1级。

卫星重力异常显示该地区的重力异常值在50mGal至-30mGal之间，自西向东逐渐减小，呈较陡的异常梯度带。其中，死海转换断层的西侧分支和中间分支位于重力异常梯度带内，东侧断层分支则位于重力异常的低值区。根据前述理论，位于重力异常高值区的西侧断裂和位于重力异常梯度带上的中间断裂，尤其是在凸向北北西的弧形构造中，随着死海转换断层左旋运动更易积累应力进而引起地震。然而历史地震研究表明，东侧断裂分支也曾发生过大于6级的地震（图4），可能是由于该地区断裂发育，且NE向展布的Palmyride褶皱带与近南北向的死海转换断层在该处汇合，死海转换断层左旋走滑运动受到前者阻挡，导致应力在东侧走滑断层上逐渐积累，引发地震。

（三）亚喀巴湾地震危险区（Ⅲ）

亚喀巴湾位于死海转换断层的南端，全长约180千米，东西两侧普遍发育正断层，由于左旋走滑运动，其内部产出3个雁列排列的盆地。亚喀巴湾向南延伸则与红海连接，作为两者的连接地带，亚喀巴湾同时遭受死海转换断层和红海扩张地壳的双重影响，构造运动活跃。不管在历史时期还是有仪器记录以来，亚喀巴湾地区都有多个超过6级的大地震发生，特别是1995年Ms7.2级地震使亚喀巴湾沿岸多个国家蒙受损失。震源分布表明亚喀巴湾内的区域性断层目前都是活动断层，地震的发生可能与壳内岩浆活动有关（El-Isa，2013）。Ben-Avraham(1997)指出亚喀巴湾中部及南部存在地幔物质上涌，这与该区应力场显示的存在较大倾伏角的主压应力特征一致。

在卫星重力异常图上，亚喀巴湾南端与红海结合处显示重力异常值较高，且存在重力异常陡梯度带。亚喀巴湾东侧最高异常值为30mGal，西侧较低为-100mGal，断层经过位置显示具有较高的重力梯度，这可能是引发该区1995年Ms7.2级地震的深部原因。此外，死海转换断层左旋走滑和阿拉伯板块逆时针转动等因素共同促使该地区成为地震的多发地之一。在震级方面，该地区虽有大震发生，但以小地震居多，且呈现主震-余震的震群类型，这种方式的地震可以将能量缓慢释放出来，降低该地区的能量积累，减少灾害性地震的发生次数（El-Isa，2013）。但是在其靠近南部的地震空区，有发生强震的可能性。El-Isa（2013）指出该地区6级以上及7级地震的复发周期分别为70～90年和333～500年。

（四）凯瑟琳山地震危险区（Ⅳ）

凯瑟琳山地区位于西奈微板块南部，东西分别为苏伊士湾和亚喀巴湾。卫星重力异常显示该区西部存在一个最高值为40mGal的重力高，东侧为南北向至北东向展布的重力低异常条带，最小值小于-100mGal。苏伊士湾现今呈NE-SW向的向外扩张（Diabat，2009），因此对西奈微板块产生了NE向的推挤力，当作用在较高密度岩石上时，使该高密度体向北东运移，进而挤压其东侧条带状低密度体。在低密度条带方向转变处，重力异常梯度带最陡，可能代表了两者的接触位置。根据大地震容易发生在正负重力异常陡变带（区）这一依据，考虑到该地区有仪器记录以来，发生的地震较少，其能量积累无法释放，因此将该地区作为一个地震潜在危险区。下一步需要研究该地区的活动断层情况，进一步加强该潜在区的深入研究。

六、结论

约旦境内主要的发震构造为死海转换断层。研究区内的地震多沿死海转换断层分布，历史上曾沿该断层发生过多次大震，表明死海转换断层具有孕育并引发大地震的可能。

约旦地区的现今构造应力场主压应力$_1$（σ_1）方向总体上呈E-W至NW向，并且沿死海转换断裂带由南向北发生有规律的变化：主压应力（σ_1）方向由南部的NW向逐渐变为北部的E-W向。考虑到死海转换断层的持续走滑及阿拉伯板块已逆时针转动约5.5°，现今构造应力场的这种变化是合理的。古应力场显示，沿死海转换断层最大主应力（σ_1）方位大致为NNW向和NWW向，我们更认同古应力场中NWW向主压应力是由NNW向主压应力逆时针转动引起的。约旦及其邻区现今构造应力场较古应力场存在一定的差别，但总体上继承了古应力场的特征。

根据研究区内地震分布、应力场特征、所处构造位置、GPS监测结果、卫星重力异常和深部构造情况，划分出死海盆地北部地区、亚喀巴湾地区、黎巴嫩山地区和凯瑟琳山地区4个地震危险区。每个分区内都有强震发生的历史，且由于死海转换断层的持续运动，红海地壳的开裂和深部物质运移的综合作用，以上4个地区孕育并在将来发生强震的可能性较大。根据前述各区特征，推测其危险性从高到低排序依次为：（Ⅰ）、（Ⅱ）、（Ⅲ）、（Ⅳ）。

本文使用的高程数据来自ASTER GDEM，卫星重力数据来自ICGEM，部分图件使用GMT软件绘制，在此表示感谢。

参考文献

费琪. 壳幔物质流变的底辟作用孕育大地震——卫星重力资料的证据[J].地学前缘, 2009, 16(3): 282—293.

杨巍然, 曾佐勋, 李德威, 等. 板内地震过程的三层次构造模式 [J]. 地学前缘, 2009, 16(1): 206—217.

袁学诚. 论中国西部岩石圈三维结构及其对寻找油气资源的启示[J].中国地质, 2005, 32(1): 1—12.

曾佐勋, 王杰. 芦山地震：一个成功的中期预测案例 [J]. 地学前缘,2013, 20(3)：21—24.

Achmon M, Benavraham Z. The deep structure of the Carmel fault zone, northern Israel, from gravity field analysis [J].Tectonics, 1997, 16(3): 563—569.

Al-Zoubi A S, Abu—Hamatteh Z S H, Abdealkaderer A. The seismic hazard assessment of the Dead Sea rift, Jordan [J]. Journal of African Earth Sciences, 2006, 45(4-5): 489—501.

Aldamegh K S, Abou E K M, Hussein H M, et al. Source mechanisms of the tabuk earthquake sequence, Eastern Red Sea margin, Kingdom of Saudi Arabia [J]. Journal of Seismology, 2009, 13(4): 561—576.

Alqudah M, Hussein M A, Van Den Boom S, et al. Biostratigraphy and depositional setting of Maastrichtian - Eocene oil shales from Jordan [J]. Marine and Petroleum Geology, 2015, 60: 87—104.

Alhomoud A S, Taqieddin S A, Ahmad F H. Geologic problems related to dam sites in Jordan and their solutions [J]. Engineering Geology, 1995, 39(3-4): 233—263.

Ambraseys N N. The earthquake of 1 January 1837 in Southern Lebanon and Northern Israel [J]. Annals of Geophysics, 1997,40(4):923—935.

Ambraseys N N, Jackson J A. Faulting associated with historical and recent earthquakes in the Eastern Mediterranean region [J]. Geophysical Journal International, 1998, 133(2): 390—406.

Ambraseys N N, Barazangi M. The 1759 earthquake in the Bekaa Valley: implications for earthquake hazard assessment in the Eastern Mediterranean region [J]. Journal of Geophysical Research: Solid Earth (1978—2012),1989, 94(B4): 4 007—4 013.

Al–Tarazi E. The major gulf of the Aqaba earthquake, 22 November 1995 - Maximum intensity distribution[J]. Natural Hazards, 2000, 22(1): 17—27.

Ben–Menahem A. Earthquake catalogue for the Middle East (92 BC–1980 AD) [J]. Bolletino di Geofisica Teorica ed Applicata,1979,21(84):245—310.

Ben–Menahem A,Nur A,Vered M. Tectonics, seismicity and structure of the Afro–Eurasian junction—the breaking of an incoherent plate[J]. Physics of the Earth and Planetary Interiors, 1976, 12(1): 1—50.

Benavraham Z. Strucural framework of the gulf of Elat (Aqaba), northern Red–Sea [J]. Journal of Geophysical Research–Solid Earth and Planets, 1985, 90(NB1): 703—726.

Ben–Avraham Z. Geophysical framework of the Dead Sea: Structure and tectonics [M]. The Dead Sea: the Lake and Its Setting, T. M. Niemi Z B A J, Oxford, UK: Oxford University Press, 1997.

Coli M, Coli N. Stress–field evaluation by geostructural and geomechanical prospection: The case history of the machaerus rock–mass (Hashemite Kingdom of Jordan) [J]. Journal of Mining Science,2009, 45(5):452—458.

Camp V. E, Roobol M J. Upwelling asthenosphere beneath western Arabia and its regional implications [J]. Journal of Geophysical Research–Solid Earths, 1992, 97(B11): 15 255—15 271.

Diabat A A, Atallah M, Salih M R. Paleostress analysis of the cretaceous rocks in the eastern Margin of the Dead Sea transform, Jordan [J]. Journal of African Earth Sciences, 2004, 38(5): 449—460.

Diabat A A. The state of paleostress along the Siwaqa fault (central Jordan) based on fault–slip data [J].Al–Manarah,2006 (12): 131—150.

Diabat A A. Structural and stress analysis based on fault–slip data in the Amman area, Jordan[J].Journal of African Earth Sciences, 2009, 54(5): 155—162.

Diabat A A. Fracture systems of granites and quaternary deposits of the area east of Aqaba: Indicators of reactivation and neotectonic activity [J]. Arabian Journal of Geosciences, 2013, 6(3): 679—695.

El–Isa Z H. Seismicity and seismotectonics of the gulf of Aqaba region [J]. Arabian Journal of Geosciences, 2013, 6(9): 3 437—3 449.

Elenean K M A,Aldamegh K S,Zharan H M, et al. Regional waveform inversion of Dead Sea earthquakes [J]. Geophysical Journal International, 2009, 176(1): 185—199.

Heidbach O, Ben−Avraham Z. Stress evolution and seismic hazard of the Dead Sea fault system [J]. Earth and Planetary Science Letters, 2007, 257(1−2): 299—312.

Hofstetter R, Klinger Y, Amrat A, et al. Stress tensor and focal mechanisms along the Dead Sea fault and related structural elements based on seismological data [J]. Tectonophysics, 2007, 429(3−4): 165—181.

Hofstetter A, Thio H K, Shamir G. Source mechanism of the 22/11/1995 gulf of Aqaba earthquake and its aftershock sequence [J]. Journal of Seismology, 2003, 7(1): 99—114.

Husein A I,Alhomoud A S,Liang A I. Seismic hazard mapping of Jordan [J].Quarterly Journal of Engineering, 1995, 28(1): 75—81.

Ibrahim K M, Mohd B K, Masri A I, et al. Volcanotectonic evolution of central Jordan: evidence from the Shihan volcano [J]. Journal of African Earth Sciences, 2014, 100: 541—553.

Jimenez M,Al−Nimry H,Khasawneh A, et al. Seismic hazard assessment for Jordan and neighbouring areas [J]. Bollettino Di Geofisica Teorica Ed Applicata, 2008, 49(1): 17—36.

Jestin F, Huchon P, Gaulier J M. The somalia plate and the East−Arfican rift system−present day kinematics [J]. Geophysical Journal International, 1994, 116(3): 637—654.

Klinger Y, Avouac J P, Karaki N A. et al. Slip rate on the Dead Sea transform fault in northern Araba valley (Jordan) [J]. Geophysical Journal International, 2000, 142(3): 755—768.

Le Beon M,Klinger Y,Amrat A Q, et al. Slip rate and locking depth from GPS profiles across the southern Dead Sea transform [J]. Journal of Geophysical Research−Solid Earth, 2008, 113(B11403B11).

Mechie J, Abu−Ayyash K, Ben−Avraham Z, et al. Crustal structure of the southern Dead Sea basin derived from project DESIRE wide−angle seismic data [J]. Geophysical Journal International, 2009, 178(1): 457—478.

Mohsen A, Asch G, Mechie J, et al. Crustal structure of the Dead Sea Basin (DSB) from a receiver function analysis [J]. Geophysical Journal International, 2011, 184(1): 463—476.

Sadeh M, Hamiel Y, Ziv A, et al. Crustal deformation along the Dead Sea transform and the carmel fault inferred from 12 years of GPS measurements [J]. Journal of Geophysical Research−Solid Earth, 2012, 117(B08410).

Searle M P. Structure of the intraplate eastern Palmyride fold belt, Syria [J]. Geological Society of America Bulletin, 1994, 106(10): 1 332—1 350.

Shapira A, Avni R, Nur A. A new estimate for the epicenter of the Jericho earthquake of 11 July 1927 [J]. Isr. J. Earth Sci, 1993, 42(2): 93—96.

Ten Brink U S, Al–Zoubi A S, Flores C H, et al. Seismic imaging of deep low–velocity zone beneath the Dead Sea basin and transform fault: Implications for strain localization and crustal rigidity [J]. Geophysical Research Letters, 2006, 33(L2431424).

Vita–Finzi C. Neotectonics at the Arabian plate margins [J]. Journal of Structural Geology, 2001, 23(2–3): 521—530.

Wdowinski S,Bock Y,Baer G, et al. GPS measurements of current crustal movements along the Dead Sea fault [J]. Journal of Geophysical Research–Solid Earth, 2004, 109(B05403B5).

Yücemen M S. Seismic hazard maps for Jordan and vicinity [J]. Natural Hazards, 1992, 6(3): 201—226.

Zoback M L. First–and second–order patterns of stress in the lithosphere: The world stress map project [J]. Journal of Geophysical Research: Solid Earth, 1992, 97(B8): 11 703—11 728.

约旦能源政策及其趋势研究

何云龙

约旦哈希姆王国位于欧亚非三大洲的十字路口，自古以来是商业活动的重要通道，同时也是犹太教、基督教、伊斯兰教等宗教活动的传播要地，战略地位十分重要。

约旦的能源有限，至今未发现可供开采的常规石油资源和煤炭资源，其矿产资源也稀少，主要以磷酸盐和钾盐为主。目前，约旦发现天然气总储量约62.34亿立方米，油页岩约400亿吨，氧化铀约8 000吨。其他重要矿产资源如铜、铁、锰、石英等储量都非常有限，基本没有开采价值（刘宝莱，2014）。同时，约旦的主要地貌特征以沙漠和丘陵为主，其中，沙漠面积占整个国土面积的80%以上，生态环境整体上比较恶劣。另外，据统计，约旦是世界上最缺水的20个国家之一，水资源极度匮乏是影响其国内工农业发展的重要因素。

不同于其他发展中国家，约旦摒弃工业化发展的道路，针对其自身特征，制定了因地制宜的外向型经济政策。在此政策的保障之下，约旦21世纪以来经济保持了比较快的增长速度。认识约旦的能源状况和能源政策，对于理解约旦的经济发展，深化互利合作，有重要意义。

一、约旦能源消费现状

能源在约旦经济发展中具有重要的作用。过去10年中，约旦政府一直致力于获得廉价的能源，并逐步提高国内能源使用效率。目前，埃及不稳定的天然气供给，伊拉克和叙利亚不稳定的政治局势，都对约旦的能源保障造成了很大的威胁。

根据国际能源署和世界银行提供的数据显示，1998—2010年间，约旦的能源需求总体呈上升趋势（图1）。其中，在1998—2003年，能源需求整体保持微弱上升的稳定趋势，每年能源需求量在500万吨左右。2004年开始，约旦能源需求进入快速增长阶段，2009年达到这段时间内能源需求的峰值，总能源需求超过720万吨。对比此段时间内约旦国内经济发展情况发现，在1998—2003年期间，约旦经济发展速度基本保持在5%左右的中高速，2004—2008年间，约旦经济发展进入高速增长阶段，每年经济增长速度都超过8%。随着2008年经济危机的影响，约旦经济增速放缓，能源需求也相对降低。

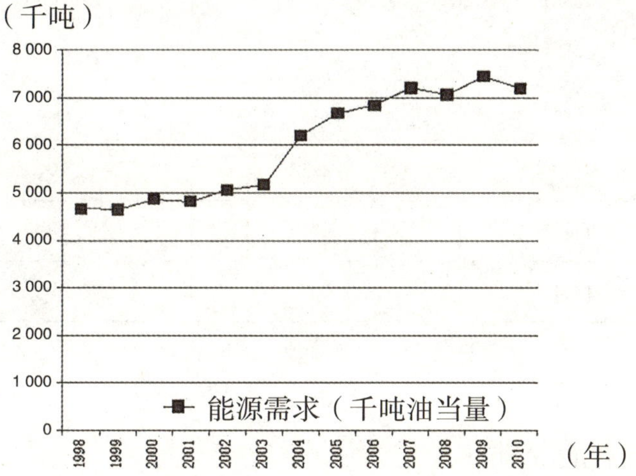

图1　约旦能源需求（1998—2010年）[①]

二、约旦多元化能源保障政策

2007年，约旦能源部长 Alaa Batayneh曾表示："随着人口增加和工业扩张，国内能源需求年增速超过 7%"。正是因为面临国内能源短缺的压力重大，约旦开始积极调整其国内能源保障政策，并制定了 2007—2020 年能源战略规划，寻求天然气供应途径多样化，计划从沙特阿拉伯、伊拉克和其他潜在

[①]http://www.iea.org/stats/index.asp.

国家进口。另外，约旦前能源部长 Khaled Toukan 表示，约旦将发展包括天然气、油页岩、可再生能源等多样化能源保障组合，以保证国家能源安全。

根据约旦能源矿产资源部门的数据，约旦目前消耗的能源主要为化石能源（石油和天然气），其占比超过整个能源消费的90%。根据规划，2020年约旦将其化石能源消耗占比降低至80%以下，同时大力发展可再生能源、油页岩和核能（表1）。

表1　约旦能源消费构成现状及计划　（单位：%）

年份	2011	2020
原油及其产品	82.2	40
天然气	11.7	29
进口电气	4.2	1
可再生能源	2	10
油页岩	0	14
核能	0	6

资料来源：据约旦能源和矿产资源部，2014。

（一）化石能源进口

约旦是一个能源极其匮乏的国家。数据统计显示，约旦97%的能源依赖进口，其中，石油进口占 51%，天然气进口占 46%，其他约占3%。因此，能源进口一直是约旦能源政策的主基调。1985年，约旦与伊拉克签订约旦第一份石油进口协议，开始从国外进口石油资源，并将伊拉克作为其最重要的石油进口来源国家。随后，约旦更是加入到1996年底开始实施的“石油换食品”计划，与伊拉克签订了一系列的协议。根据这些协议，约旦不仅可以无偿从伊拉克获得每年 3 亿美元的石油，而且还能以非常优惠的价格从伊拉克进口额外的石油份额。此外，约旦为了保证足够的石油供应，还与科威特和沙特阿拉伯等周边国家签订了一系列的购买石油的协议，以保障该国的石油供应。

天然气也是约旦重要的进口能源。2001年，约旦与埃及签署了一份天然气销售协议，约定埃及以优惠的价格长期向约旦供应天然气，供应量约为2.5亿立方英尺/年（1立方英尺＝0.028 317立方米）。这些天然气在约旦国内的发电量，满足了其80%的电力需求。此后，随着约旦国内天然气需求的增长，2011年12月21日，约旦与埃及在开罗签署了一份新的天然气供应协议。相比之前的协议，埃及向约旦供气的价格几乎翻了3倍，达到6美元/千立方英尺以上。此外，约旦还积极拓展天然气进口渠道，分别与卡塔尔、塞浦路斯、以色列等国开展天然气进口谈判，以保障其天然气稳定供应。

同时，为了提高约旦能源进口效率，约旦还积极建设油气管道。例如，早在21世纪初，约旦就加入阿拉伯天然气输送管道项目中。该管道工程一期由埃及境内阿里什开始，经东部边境城市塔巴，随后穿越红海的亚喀巴湾，最终抵达约旦亚喀巴市。整个管道工程长度约248千米，投资近2.2亿美元。通过这一管道项目，约旦将每年从埃及进口27亿立方米的天然气。这一管道的修建及后期的拓展，进一步加强了从埃及进口天然气的能力。另外，约旦还同邻国伊拉克开展石油管道建设，计划从伊拉克境内至约旦港口亚喀巴修建一条石油输送管道（赵琳琳，2013）。通过建成的油气管道，约旦每天可以获得来自伊拉克的石油近15万桶。

（二）国内能源开发

1. 油页岩开发

不同于其他中东国家拥有丰富的原油资源，约旦的原油缺乏，但其油页岩资源储量丰富。约旦国内油气公司与俄罗斯研究机构对约旦中部地区的瓦迪安娜迪亚矿区进行联合科学研究发现，该矿区油页岩的可采储量高达19×10^{8}吨（Al-Anber，2012）。最新统计数据显示，约旦国内油页岩资源量折合成页岩油其储量高达17×10^{9}吨，其中，目前已探明储量为4×10^{9}吨（管鑫等，2015）。约旦自然资源管理局负责人希贾兹曾经在接受采访时表示，约旦是世界上油页岩储量最丰富的5个国家之一，其中油页岩富藏地区达20个，约旦中部和南部的油页岩靠近地表，易于开采。

尽管约旦国内油页岩资源丰富，但是其本身开发技术能力较弱，不具有独立进行大规模开发的能力。因此，约旦积极与国外油气勘探公司开展合作，开发国内的油页岩资源。2009年，约旦与荷兰皇家壳牌集团签署油页岩勘探开发计划，勘探约旦国内油气资源。2010年5月，约旦与爱沙尼亚签署了一项长达30年的合作协议，允许爱沙尼亚能源公司在约旦进行油页岩的勘探与加工。

此外，约旦还与德国、爱沙尼亚、俄罗斯和美国等多个国家联合开展油页岩加工利用方面的研究实验，以加快油页岩的工业利用进程。其中，德国奥图泰克公司还采用爱沙尼亚的爱耐飞特干馏装置对约旦阿塔拉特油页岩进行了干馏试验，并得出了可行性研究报告。2013年5月，媒体报道约旦阿塔拉特电力公司（APCO）宣布对油页岩电站进行招标，计划从2014年开始，在3年内建成约旦第一个油页岩电厂。2014年10月31日，中国能源建设集团广东火电工程总公司获得阿塔拉特554MW油页岩电站的工程建设合同，标志着该项目正式驶入实质建设阶段。

根据约旦的长期规划，如果约旦与相关国家油页岩计划获得成功，将能为约旦提供大量的石油资源，帮助约旦实现能源的自给自足，甚至在未来成为石油出口国。

2. 天然气开发

约旦的常规石油和天然气资源储量非常低，2011年仅能满足其国内总需求的3%。尽管如此，约旦仍然在积极开展国内天然气的勘探工作。目前，约旦国内的天然气勘探活动主要由英国BP石油公司（以下简称BP公司）开展。约旦国内最重要的气田为位于伊拉克和约旦边境的Risha气田，其产量占约旦全国天然气产量的一半以上。正是由于该区块具有较大的天然气勘探潜力，BP公司与约旦于2009年签订了一系列的天然气田项目协议，总价值超过90亿美元。根据该项协议，BP公司前期投入2.37亿美元用于天然气勘探和开发，在勘探项目结束后再投资90亿美元用于生产。在2012年，这个气田的产量大约为1 200万立方英尺/天（EIA Report，2013）。同时，约旦政府希望未来将该气田的产量提高到3亿立方英尺/天。

（三）新能源开发

1. 核能

约旦国内有丰富的铀矿资源，其总量约占世界铀矿总资源量的2%。约旦自然资源管理局局长 Maher Hijjazin曾称，约旦有“数以万吨”的铀矿资源储量。正因为如此，2004年起，约旦政府便开始借鉴别国经验试图开发核能，以满足其国内日益增长的能源需求。2007年，约旦国王阿卜杜拉二世曾表示，约旦正在试图和平发展核能产业，利用核能发电是实现约旦能源供给的最佳选择。2007年底，约旦政府发布了修订版的国家能源主体战略，要求到 2020年，约旦 6%的电力来自核电站。

2012年，约旦政府重启核电计划，拨款49亿美元建设核电站，建成后发电量将占目前总量的1/3。2013年，俄罗斯核能公司的子公司“核能建设出口公司”成为约旦第一座核电站的战略伙伴、投资者与运营者，建设金额为100亿美元。根据约旦原子能委员会的建议，到 2020 年，约旦国内至少有一座700～1 200兆瓦的核反应堆运行。

尽管约旦核能开发雄心勃勃，但是该国本来就缺乏的水资源可能会对约旦的核能开发计划造成严重的影响。约旦水利部长哈泽姆·纳塞尔指出，“约旦水资源非常有限，越来越多的用水赤字将给所有产业带来严重威胁”。这样，在实际操作中如何解决核能发电所需的冷却水资源，是其进一步推进核电发展计划面临的重要问题。

2. 风能

约旦境内风能资源丰富，其中主要分布在约旦南部马安地区、北部伊尔比德地区以及东部扎尔卡地区，风速可达7～9米/秒。约旦目前还没建成一个严格意义上的风电项目，仅在北部Irbid地区有一个小风电场，装机不到2兆瓦（单海超和陈惠君，2014）。根据约旦能源及矿产资源部2007年的能源战略规划，约旦将在2020年使风电装机达到1 200兆瓦。

自2009年，约旦开始着力发展风电，并将多个风电项目公开招标，力图同国外厂商一起开发约旦国内风能资源。同年，EP Global Energy同约旦当地公司成立项目公司，在约旦开发117兆瓦的风电项目（Tafila风电项目）。尽管该项目在开展过程中遇到种种问题，但是经过约旦政府和相关企业的努力，该项目得以顺利开工。截至2014年，Tafila风电项目仍为中东当前计划中最大的风电开发项目。

3. 太阳能

由于约旦整个国土面积的80%都是沙漠地区，全年300天左右的晴朗天气，使约旦具有极为丰富的太阳能资源。约旦早在20世纪70—80年代就开始利用太阳能，主要用在海水淡化、家用热水器、太阳能电话、塑料棚温室及太阳能蒸发池等方面。其中，家用太阳能热水器在20世纪70年代就已得到普及。相对于工业化的规模应用，此时约旦太阳能的应用非常有限。随着太阳能光伏技术不断发展，太阳能发电的成本一直在下降。对于中东国家而言，太阳能光伏发电已不再昂贵。此外，中东地区还拥有可以用来生产太阳能电池的硅。

基于此，约旦在2007年发布的能源战略规划中将约旦2020年的太阳能发电装机量定位600兆瓦。为了完成这一目标，约旦政府采取积极措施，引导国内大规模地进行太阳能利用。首先，约旦积极开展与国外合作，开发本国的太阳能资源。例如，2015年1月，约旦同日本在安曼签署太阳能项目合作协议，该协议投资额将为1.6亿美元，是迄今为止中东地区最大的太阳能发电项目。其次，为优先发展太阳能，约旦政府宣布全国首个上网电价补贴计划，太阳能的上网电价补助为每千瓦·时120菲尔斯（目前一般参考汇率为1美元＝365菲尔斯）。该政策还为约旦自己的安装系统提供15％的国内津贴。另外，为了鼓励农业生产中太阳能的利用，2014年约旦农业信贷局（ACC）宣布，将向农民提供低息贷款，鼓励农民采用太阳能发电设备升级原有柴油发电设备。根据此项政策，每户农户最多可获得3万第纳尔（约合4.23万美元）的低息贷款，贷款期限为8年，年利率在3.5％～7％之间。

目前，在约旦政府的积极推动下，约旦太阳能发展相对较快。根据约旦能源与矿产资源部截至2014年的数据（表2），约旦政府收到相关太阳能发电项目申请37份，总装机超过1 040兆瓦，其中，合格的申请22份，总装机470兆瓦，签署备忘录的申请21份，总装机465兆瓦。

表2 太阳能发展计划

申请数量 / 发电类型	接收到的申请		合格的申请		已签署备忘录	
	总数量（份）	总容量（兆瓦）	总数量（份）	总容量（兆瓦）	总数量（份）	总容量（兆瓦）
太阳能光伏	24	545	15	225	14	220
太阳能聚光	5	125	2	20	2	20
聚焦式太阳能发电	8	370	5	225	5	225

资料来源：据约旦能源和矿产资源部，2014。

三、约旦能源利用发展趋势

由于国内能源匮乏的状况，约旦采取了积极的应对措施以满足其国内日益增长的能源需求。尽管如此，约旦国内的能源保障形势依然严峻。根据约旦政府统计局的相关报告显示，2014年1月，约旦石油进口额达5.91亿美元，同比增长46.6%。其中，进口柴油支出2.2亿美元，同比增长4倍多。综合考虑，约旦未来能源利用发展可能存在如下趋势。

（1）多元化的化石能源进口在相当长的时间内仍然会在约旦能源保障中占据重要地位。在其他类型能源保障中比例比较低，而且发展周期相对较长的情况下，多元化油气进口对于保障约旦能源安全具有极为重要的意义。

（2）油页岩工业化勘探与开发在相关工业技术的进一步推动下，可能是未来约旦能源安全的最主要保障。由于油页岩开发利用具有相对较高的技术门槛，因此，要实现这一目标，约旦还需要同国外企业积极合作，推进其国内油页岩的规模化开发。

（3）新能源开发将以风能和太阳能为主要抓手。受制于约旦当前水资源极度匮乏，且大规模海水淡化技术有待进一步提高，约旦核能开发将需要更长的时间来完成既定目标。

参考文献

单海超, 陈惠君. 约旦风能资源开发简况 [J]. 水电与新能源, 2014, 126：69-70.

管鑫, 李丹东, 韩冬云, 等. 国外油页岩资源开发利用进展 [J]. 当代化工, 2015, 44(1): 80-82.

刘宝莱. 中国驻中东大使话中东——约旦 [M]. 北京: 世界知识出版社, 2014.

喜文华. 太阳能利用在约旦 [J]. 太阳能, 1983, 4:16-17.

赵琳琳. 约旦有望走出能源短缺困境 [N]. 中国石化报，2013-2-22(007).

Al-Anber Z. Thermodynamics and kinetic analysis of oil shale paralysis using is conversional method [C]//Colorado School of Mines:32nd Oil Shale Symposium, Golden: Colorado, 2012: 15-17.

EIA Report. Overview of oil and natural gas in the eastern Mediterranean region, 2013.

约旦地质矿产概况

梅 微

约旦的矿产资源较为贫乏，主要有磷酸盐、钾盐、黏土、白云石、长石、石膏、高岭土、铜矿、金矿和铁矿等。磷酸盐储量约20亿吨，居世界前列；钾盐储量达40亿吨，铀矿资源8 000吨。为了详细了解约旦的地质和矿产资源情况，本文现从约旦的大地构造背景、地质概况、矿产概况以及矿业的发展方向这4个方面来进行阐述。

一、约旦的大地构造背景

约旦位于阿拉伯板块的西北边缘，古特提斯洋的东侧，是非洲地块分离出来的一部分。约旦的西侧以死海断层为界，而约旦正好位于阿拉伯板块的稳定区域和死海断层的不稳定区域之间的过渡带(图1)（Al-Zoubi和Avraham，2002）。

Dewey等 (1973)将约旦及其邻区的大地构造历史划分为3个阶段：冈瓦纳阶段、叙利亚弧阶段和裂谷阶段。

（1）冈瓦纳阶段（寒武纪—早白垩世）：约旦位于冈瓦纳古陆的北缘地区。在构造上，该区相对平坦，以陆相沉积为主，含有少量的海相沉积物。约旦南部主要出露早古生代寒武纪、奥陶纪和志留纪的岩石。在死海—约旦裂谷的西侧，该区经历了早石炭世和二叠纪前裂谷期的岩石序列演变，显示沉积环境从陆相向浅成海相转变。这类沉降方式一直持续到三叠纪和早侏罗世，且更趋向于海相沉积。

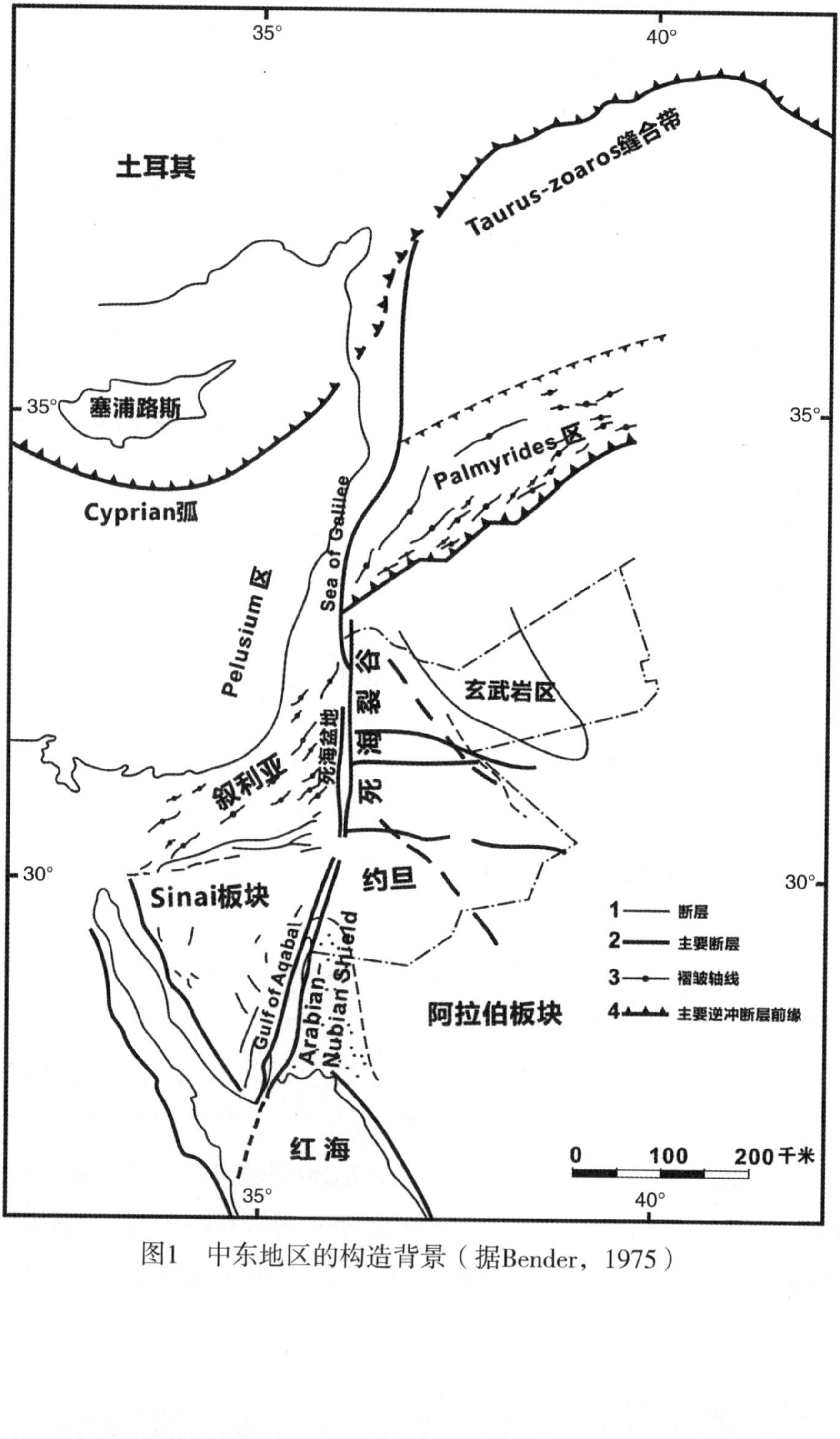

图1　中东地区的构造背景（据Bender，1975）

（2）叙利亚弧阶段（晚白垩世—新近纪）：晚白垩世时期特提斯大洋岩石圈开始向北俯冲产生的强烈挤压作用，导致约旦境内蛇绿岩和叙利亚弧中褶皱带的发育。随着俯冲作用的持续，褶皱带从Sinai北部向北呈“S”形走向，这与晚白垩世时期本地区大陆边缘的走向基本一致。晚白垩世时期，阿拉伯板块处于伸展背景下，该区形成了一系列的北西向盆地，如Al–Azraq和Wadi Sirhan盆地。之后新近纪的走滑断层使Al–Azraq和Wadi Sirhan盆地原有的构造体系发生了改变，并使叙利亚弧的褶皱结构发生了偏移。

（3）裂谷阶段（新近纪—第四纪）：晚渐新世—早中新世时期死海—约旦裂谷开始左旋走滑。在Wadi Araba东部地区发育有透镜状、未分选的砾岩，它们与下伏晚白垩系和古近系在局部地区呈不整合接触关系。多地野外调查结果显示，该地区可能经历了构造隆升作用（Bender，1975）。伴随本区域3个主要断裂系统的走滑伸展，发育一系列的拉分盆地，其中沿着死海隆升系统的走滑位移大约有105千米（Freund，1970）。Quennell (1951)结合切穿断层带的构造和特征沉积地层的位移，估测了裂谷张开经历了两个阶段：第一阶段中新世时期该裂谷张开了63千米，第二阶段晚更新世时期该裂谷张开了42千米。Freund等 (1970)通过测量同时期相邻红海的运动也得出了相似的结论研究表明第二阶段发生于400万～500万年前，当死海裂谷张开后，于晚中新世—早更新世约3.5千米厚的蒸发岩沉积下来（Bender，1975）。

二、约旦的地质概况

（一）约旦的地层简介

约旦的地层从老到新可分为古生界、中生界和新生界。

古生界主要出露Khreim组和Disi组，分布于约旦西南部地区，毗邻死海断裂系统，古生代地层的岩性主要为灰岩、砂岩、页岩、黏土、白云岩和石膏。

中生界主要出露侏罗系Zarqa组、下白垩统Kurnub组和上白垩统Ajlun组，缺失三叠系，侏罗系和下白垩统主要分布于约旦东南部地区，上白垩统沿着死海断裂系统分布，部分分布于约旦的东北角。上白垩统顶部Belqa组地层分布于约旦的大半个中部地区，分布较广。中生界的岩性主要为灰岩、白云岩、页岩、砂岩、黏土和泥灰岩。

新生界主要出露第三系（古近系＋新近系）Belqa组和第四系Jordan Valley组，第三系中缺失渐新统—上新世间的地层单元，新生界主要分布于约旦东部地区，少量沿着死海断裂系统分布。岩性主要由泥灰岩、黏土等组成。

总的来说，约旦广泛出露白垩系，古生界主要集中于约旦西南角，且面积不大。除此以外，在约旦东部地区还分布着大面积的新生界。

（二）约旦的构造特征

约旦位于地中海和红海的交界位置，在构造上主要受死海断层（Dead Sea Transform，简称DST）控制。死海断层位于阿拉伯板块和非洲板块之间的边界上，由于两大板块之间的相对运动发生变化从而形成左旋断层的分支系统。它是世界上最大的陆内走滑断层之一，长1 000多千米，连接着红海海底—扩张中心和土耳其东南部的碰撞带。据Garfunkel 等 (2014)的资料可知，死海断层在北纬33°10′分为南、北两个部分，由200千米长的弯曲断片连接。自中新世中期以来，死海断层一直处于活动中，共向南偏移了105千米，向北偏移了70～80千米。然而该构造位移的分析一直存在争议。依据不同的测量技术，估测的走滑速率变化很大，从1毫米/年变化到10毫米/年。

死海断层从南向北可分为3个次级断层：Arava断层、Serghaya断层和Ghab断层（Janssen，2007）。死海断层的南部从Gulf of Aqaba一直延伸到Roum断层。死海断层在南部的次级断层为Arava断层，它从Aquaba海湾一直延伸到死海。死海断层的北部为南北走向穿过叙利亚，分裂成阶状断层止于土耳其的东南部。死海断层的北部中最重要的部分为Ghab断层，它变成了Yammouneh断层的一部分。死海断层除了有3个主要的雁列式断层，还可见清晰的拉分盆地，如Gulf of Aqaba盆地、Dead Sea盆地和Sea of Galilee盆地（图1）。

（三）约旦的变质和岩浆作用

约旦最古老的岩石为前寒武系，如Abu Barqa变质岩套，主要出露于约旦南部的Arabian–Nubian Shield（ANS）地区（图1），该变质岩套由英云闪长片麻岩、变质沉积岩（片岩、副片麻岩）和花岗质片麻岩组成，均被晚期的花岗岩体侵入。野外和岩相学观察表明该变质岩套包含3个变质带，从北向南依次为红柱石–十字石变质带、石榴子石–矽线石变质带和堇青石—夕线石变质带。U–Pb定年表明该变质岩套中的变质岩和火成岩分别形成于800 Ma和610 Ma，英云闪长片麻岩的结晶年龄为787 ± 3 Ma（Jarrar,等，2013）。

约旦出露最广的是新近纪—第四纪的陆缘玄武岩等一系列火山岩（图2）。这些火山岩可分为两类：①高原溢流玄武岩仅出露于约旦的东北部，被称为Harrat Ash – Shaam Basaltic Super Group 或者Harrat Ash – Shaam Volcanic Field，简称为HASB或者HASVF（Ibrahim，1993；Ibrahim,等，2014）；②位于约旦中部和南部地区的孤立的火山中心，如Shihan火山中心（Barberi,等，1979）。高原溢流玄武岩（HASB）面积为11 000平方千米，成岩年龄为26～0.5 Ma。该时期的火山活动包括玄武质熔岩流和大规模的火山碎屑沉积岩的喷发，从而形成火山渣锥。Ibrahim (1993)经过详细的调查研究发现，约旦东北地区出现火成碎屑物是属于两组不同的喷发类型：分层的火山凝灰岩为Aritayn组，集块岩状的火山渣为Hassan组。Aritayn组曾被报道过出现沸石，但是在Hassan组却缺失或相对较少。Shihan火山中心受到区域东西向的Siwaqa断层控制，该断层为死海断层的东部分支。该火山中心位于约旦中部地区，即Amman以南80千米。自中新世以来，该火山中心常喷发熔岩流，一直持续到更新世，研究得到的喷发年龄为6.0 ± 0.5Ma、6.0 ± 1.2Ma和6.1 ± 0.2 Ma（Barberi, et al，1979）。

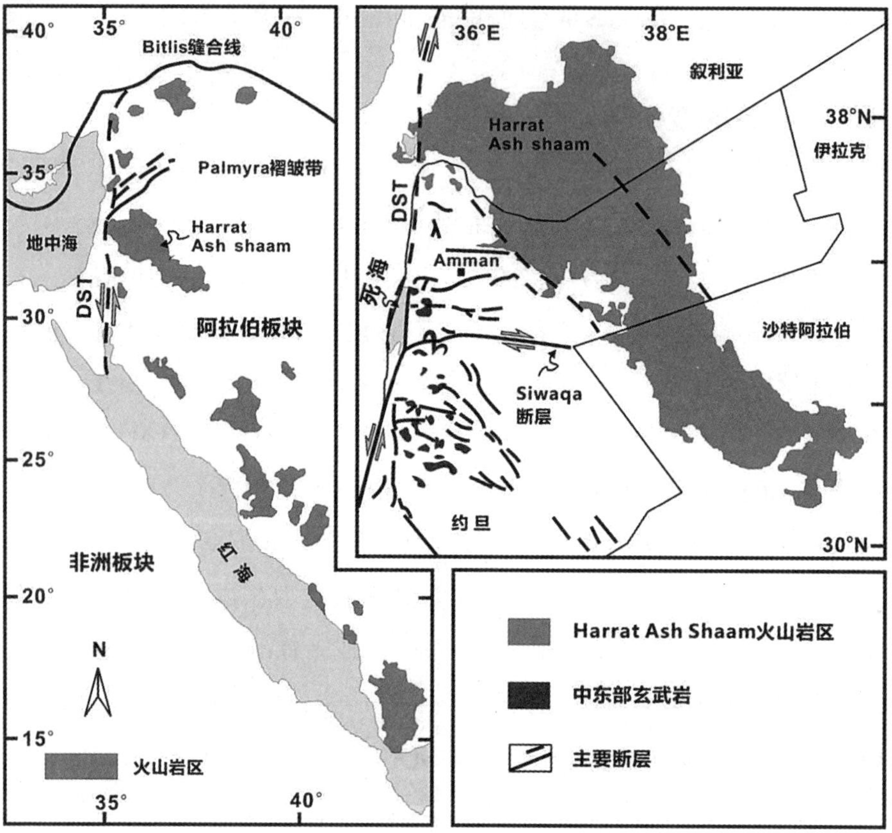

（a）　　　　（b）

图2　阿拉伯板块的火山分布图（a）以及约旦地区的火山分布图（b）
（据Ibrahim，等，2014修改）

三、约旦的矿产概况

约旦自然资源局在2012年提供的报告中指出，约旦的矿产资源包括非金属矿产和金属矿产。其中，非金属矿产种类较多，主要有磷酸盐、钾盐、黏土、白云石、长石、石膏、高岭土等，金属矿产种类较少，只有铜、金和铁矿3种。

（一）磷酸盐

约旦的磷酸盐主要为磷灰石，且约旦地区具有经济效益的磷灰石是南特提斯磷酸盐省（STPP）的一部分。南特提斯磷酸盐省是受碳酸盐控制的晚白垩世—始新世的磷灰石巨晶，从哥伦比亚，途经委内瑞拉、北非到达中东地区。南特提斯磷酸盐省包含了巨大的已知沉积磷灰石，而且占世界上磷灰石基础储量的66%，占磷酸盐岩生产的30%。约旦的磷酸盐矿床主要沿着南特提斯边缘分布并受碳酸盐台地控制，它的形成与生物成因的磷酸盐和燧石有关（Pufahl，等，2003）。

在约旦地区开采磷酸盐的公司有约旦中部地区毗邻Al Qatranah的Al Hasa和Wadi Abu Ubaydah，还有一个新开采的高品位磷酸盐矿床，位于Ash Shidiyah，即Maan以南40千米，据估计储量超过10亿吨。1985年约旦关闭了位于Amman附近ArRusayfah的一个低品位矿床[①]。

磷酸盐矿床是约旦主要的自然资源，也是重要的出口收入来源，约旦相关机构估计其可能的储量达到15亿～25亿吨。据资料保守估计，约旦还能以现在的速率生产磷酸盐几百年。1987年它的产量为6 700万吨，其中5 700万吨是以原料形式出口的，剩下的1 000万吨用一些设备加工成肥料在国内使用或者出口。约旦的磷酸盐出口在世界上排名第三，仅次于摩洛哥和美国，而且它每年生产的磷酸盐超过800万吨。1986年，磷酸盐售价185美元，占了约旦出口利润中的25%，占国际市场份额的10%，相比往年，1986年其销售额增长了14%，但收益仅增长了4%[②]。

（二）钾盐

钾盐是约旦矿业另一个重要的自然资源，主要来源于死海盆地。死海盆地是陆地最低的地区，海拔为海平面以下424米，是世界上最大的拉分盆地之一。死海长150千米，宽15～17千米，从Arava Valley的北部延长到Jericho。它以Lisan半岛为界分为两个盆地，北盆地是死海的一部分，南盆地是一个浅

[②]http://countrystudies.us/jordan/50.htm.

湖，现被约旦的Arab钾盐公司占据其一半作为人造蒸发池，用以开发钾盐。该公司利用钾盐提取设备在1987年生产了120万吨钾盐。该钾盐提取设备是将碳酸钾变成氯化钾，未来还计划生产其他的工业化学产品，如硫酸钾、溴、氧化镁、碳酸钠等。

（三）金矿

约旦在古代主要开采早寒武世出露于Faynan地区的铜矿，近年来区域水系沉积物探矿发现了Wadi Araba中部的Abu Khushayba地区的金异常，该区毗邻死海盆地。约旦自然资源局在过去10多年的填图和勘探项目中，发现了多种位于流纹质基底岩石中的角砾呈NNW向的线性分布，并且在随机采集的样品中，金的品位达到15克/吨。Wadi Abu Khushayba矿区是区域上一个重要的金矿床，它位于约旦西南地区一个含金石英脉型剪切带内，是一个浅成低硫型金矿。矿区内石英矿脉和石英-碳酸盐矿体具有开放式的结构特征，赋存于晚新元古代时期（约560Ma）的流纹岩和花岗斑岩中。围岩蚀变类型有硅化、钾化等，硫化物含量很低，如黄铁矿和黄铜矿赋存于梳状石英中。金呈浸染状赋存于火山岩和次火山围岩中，或者呈后期脉体充填其中（Al-Hwaiti,等，2010）。

（四）铀矿

约旦的铀矿主要赋存于含铀的磷灰石中，该类型的矿床沿着约旦西部的SN向的成矿带内，延长250千米。该成矿带从约旦西南部的Ras en Naqb到Amman的北部地区，Wadi Araba-约旦地堑为该成矿带的西部边界。已开采的矿床有Al Hasa-Al Qatrana、Al Shediyah 和 Ruseifa。磷灰岩层位于相对平伏的麦斯里希特阶—达宁阶时代的Belga系列地层中。Belga系列地层是由交错序列的Ruseifa和Al Hasa组成的：Ruseifa由高达45米厚的灰岩层、泥灰岩、燧石和1～3米厚的4个磷灰石层组成，Al Hasa是由两个磷灰石层组成，累积厚度达2.5米。据报道，在Ruseifa矿区中P_2O_5含量为28%～33%，Al Hasa矿区中P_2O_5含量为29.7%，Al Shediyah矿区中P_2O_5含量为26.5%。这3个矿床中磷灰石矿石的累积资源量达16.78亿吨。Ruseifa 和Al Hasa矿区中磷灰石中U的含量达到80×10^{-6}～120×10^{-6}。

四、约旦矿业的发展方向

矿产资源是矿业最重要的支柱，也是国民经济的重要组成部分。约旦拥有许多矿产资源，有金属矿产，如铜、铁，非金属矿产，如黏土及其衍生产品（高岭土、纯灰岩、石英砂、石膏）和由不同的采石场生产的建筑材料（大理岩、花岗岩等）。除此以外，死海还被用来开采盐或泥，用以生产药品和化妆品。

因此，约旦自然资源局继续其调查工作，并且在约旦本国加大了金属矿产和非金属矿产的勘探力度。据约旦能源与矿产资源部2012年和2013年的年报中提出的建议，约旦目前矿业的发展方向主要为以下6点。

（1）白云岩的勘探：目前主要针对Althaghra、Ras Naqab地区的白云岩进行勘探。

（2）石灰岩的勘探：目前主要针对Hassa南部的灰岩进行勘探。

（3）磷酸盐的勘探：目前主要针对约旦南部的Al-Shedia地区进行磷酸盐的勘探。

（4）高岭土的勘探：目前主要针对Deisi北部地区、Wadi Alhufairah东部地区的高岭土进行勘探。

（5）铜和金矿的勘探：目前主要针对Abu Khaseeba、Um alamad和约旦南部地区的铜矿进行勘探，对Wadi Araba和约旦南部地区的金矿进行勘探。

（6）详细的地球化学探矿：主要针对火成岩、沉积岩和变质岩石进行地球化学探矿，用以判断金属异常和类型等，目前地球化学勘查与野外调查瞄准金矿和其他的金属。

参考文献

Al-Zoubi A, Avraham Z B. Structure of the earth's crust in Jordan from potential field data [J]. Tectonophysics, 2002, 346: 45-59.

Al-Hwaiti M, Zoheir B, Lehmann B, et al. Epithermal gold mineralization at Wadi Abu Khushayba, southwestern Jordan [J]. Ore Geology Reviews, 2010, 38:101-112.

Barberi F, Capaldi P, Gasperini G, et al. Recent basaltic volcanism of Jordan and its implications on the geodynamic history of the Dead Sea shear zone [M]. Rome: Inter. Symp. Geodyn. Evol. Afro–Arabian Rift System, 1979.

Bender F. Geology of the Arabian Peninsula (Jordan) [M].Virginia: USGS professional paper, 1975.

Dewey J F, Pitman C C, Ryan W B F, et al. Plate tectonics and the evaluation of the Alpine system [J]. Geol. Soc. Am. Bull., 1973, 84：3 137–3 180.

Franz J, Dahlkamp. Uranium deposits of the world Asia [M]. Berlin: Springer, 2009.

Freund R, Garfunkel Z, Zak I, et al. The shear along the Dead Sea rift [M].London: Philos. Trans. R. Soc. London, Ser. A, 1970.

Garfunkel, Z, Ben–Avraham, Z, Kagan, E. Dead Sea transform fault system: Reviews[M].Berlin: Springer, 2014.

Ibrahim K M, Mohd B K, Masri A I, et al. Volcanotectonic evolution of central Jordan: Evidence from the shihan volcano [J]. Journal of African Earth Sciences, 2014, 100:541–553.

Ibrahim, K. The geological framework for the harrat ash–shaam basaltic super–group and its volcanotectonic evolution [M].Amman: Natural Resources Authority, Geological Mapping Division Report, Amman–Jordan, 1993.

Janssen C, Hoffmann–Rothe A, Bohnhoff M, et al. Different styles of faulting deformation along the Dead Sea transform and possible consequences for the recurrence of major earthquakes [J]. Journal of Geodynamics, 2007, 44:66–89.

Jarrar G H, Theye T, Yaseen N, et al. Geochemistry and P - T - t evolution of the Abu–Barqa metamorphic suite, SW Jordan, and implications for the tectonics of the northern Arabian - Nubian shield [J]. Precambrian Research, 2013, 239:56–78.

Pufahl P K, Grimm K A, Abed A M, et al. Upper cretaceous (campanian) phosphorites in Jordan: Implications for the formation of a south Tethyan phosphorite giant [J]. Sedimentary Geology, 2003, 161: 175–205.

Quennell A.The geology and mineral resources of (former)trans–Jordan colonial [M]. London: Geol. Miner. Resour, 1951.